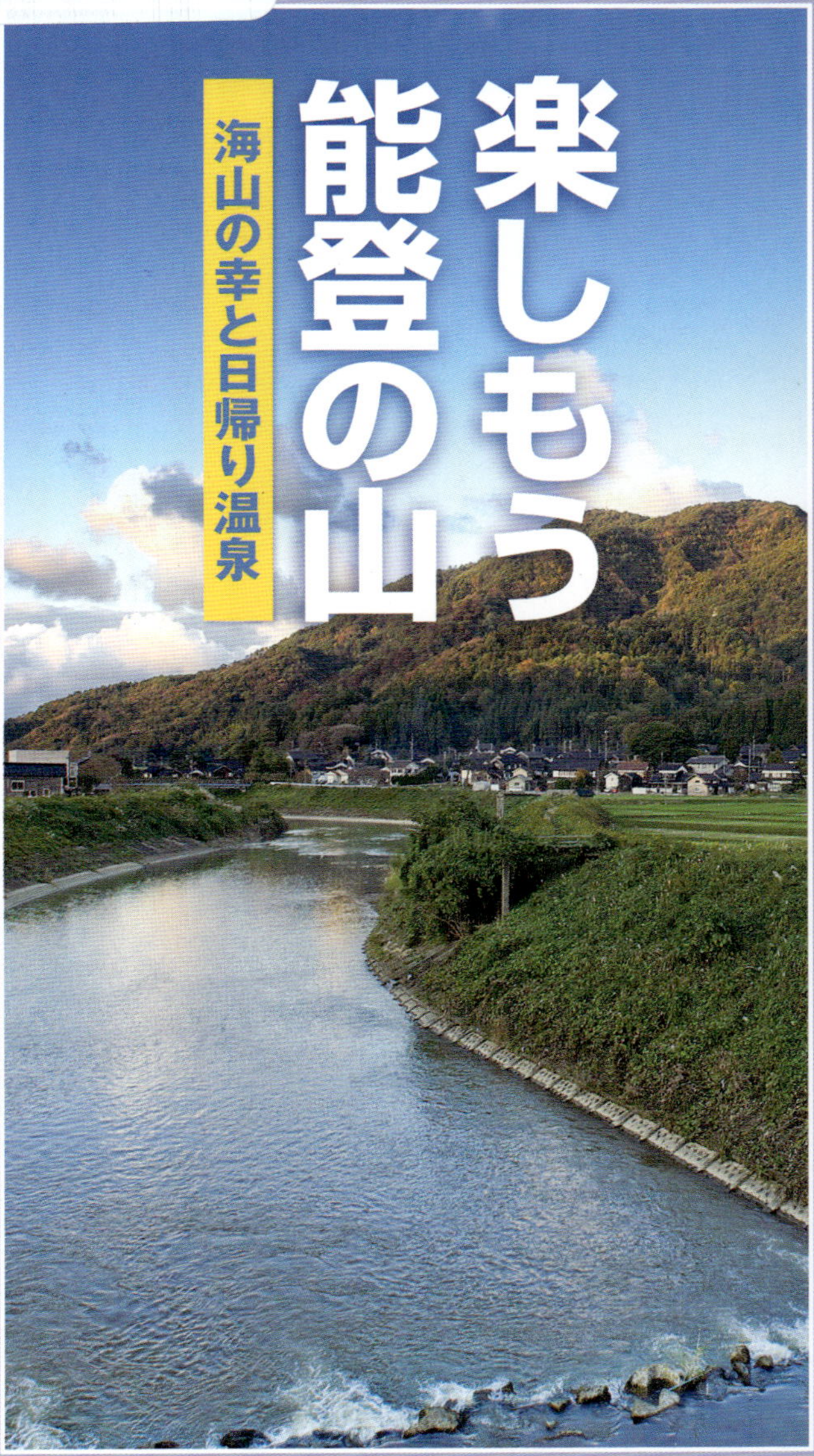

# 楽しもう能登の山

## 海山の幸と日帰り温泉

# まえがき

この本は、「月刊北國アクタス」に連載した能登の山歩きに新たに五つの山を加えた20山を1冊にまとめたものです。能登はとても広い面積をもつ半島で、高い山は少なく丘陵地帯が続いているところです。そして、その丘陵のいたるところに集落が点在していることもあり、生活道路や仕事のための林道など、車が通る道が網の目のように張り巡らされています。

能登で一番高い山は、宝達志水町にある６３７・１メートルの宝達山で、続いて高いのが輪島市の高州山、そして宝達志水町と富山県氷見市の境にある５６４メートルの石動山ですが、どの山にも山頂まで、あるいは山頂直下まで車道がついています。そのため、いわゆる登山道が整備されている山が少ないのも能登の特徴です。従って、能登の山を歩こうとすると、車道歩きをすることが多くなります。

しかし、広い面積に対して人口が少ないせいか、車道を歩いていてもめったに車とすれ違うことがなく、さほど違和感を覚えないのも能登の山歩きの特徴の一つです。ポカポカ陽気に誘われて、のんびりと丘陵歩きを楽しみたい方々や周辺観光とセットでちょっと山へという方々にとって、能登の山は時間に合わせた計画が立てやすいところです。

あまり疲れないでドライブがてら、ピクニック気分で山歩きを楽しもうという人たちにとって、この本が少しでもお役に立てば幸いです。

２０１２年5月

著者

# Contents

# 楽しもう能登の山

## 海山の幸と日帰り温泉

交流施設 狼煙
木ノ浦海中公園
禄剛崎
狼煙
山伏山
須須神社
すず塩田村
249
曽々木海岸
曽々木地物市
岩倉山
町野川
能登安徳天皇合祀
時国家
本家上時国家
宝立山
若山川
珠洲市
249
道の駅
すずなり
紀の川
♨能登半島鉢ケ崎温泉
すずの湯
あさとり市場
浜野水産
JAグリーンセンターすず
飯田湾
見附島（軍艦島）
珠洲温泉 国民宿舎 のとじ荘
飼鵜川
恋路海岸
能登黒川温泉
駒渡ポケットパーク
内浦ふれあい市場
能登町
能登町柳田植物公園
JA内浦町直売所 おくのといち
能登九十九湾遊覧船
道の駅
桜峠ポケットパーク
249
のと海洋ふれあいセンター
九十九湾
遠島山
石川県海洋漁業科学館
（うみとさかなの科学館）
♨縄文真脇温泉
真脇ポーレポーレ
山田川
♨能登七見健康福祉の郷「なごみ」
「なごみ」農林水産物直売所
ふるさと体験村四季の丘
明泉寺
能登ワインギャラリー
大口瀬戸

# 能登の里山巡りマップ①

## 日帰り温泉・特産品直売所・見所

# 能登の里山巡りマップ②

ふるさと五穀園
能登小牧台
なかじま
猿田彦温泉
いやしの湯
道の駅
とぎ海街道
能登リゾートエリア
増穂浦
横田
虫ケ峰
なかじま
ロマン峠
能登有料道路
七尾西湾
のとちゃん
福浦灯台
志賀町
七尾市
徳田大津
能越自動車道
徳田大津Jct
和倉IC
249
高田IC
高田
赤蔵山
赤蔵山憩いの森
ころ柿の里しか
旬菜館
志賀町農産物直売所
西山PA
西山
アクアパーク シ・オン
大島キャンプ場
上棚矢駄
中能登町
七尾線
妙成寺
宇宙科学博物館
コスモアイル羽咋
能登有料道路
眉丈山・雷ガ峰
気多大社
汐風の市場 滝みなと
柳田
羽咋川
羽咋市
休暇村 能登千里浜
碁石ケ峰
千里浜レストハウス
ユーフォリア千里浜
千里浜なぎさ
ドライブウェイ
159
415
七尾線
千里浜
志雄PA
千里浜やわらぎ温泉
ホテルウェルネス能登路
押水特産直売所
臼ケ峰
今浜
末森山
宝達志水町
米出
249
471
高松SA
県立看護大
宝達山
高松
能登有料道路
159
七尾線
かほく市
三国山
白尾
津幡町

# 安全で楽しい山歩きのために

初めての山歩きは、ワクワクしながらも不安なものです。どんな服装でどんなものを持って行けばいいのだろう、最後まで歩けるだろうか、クマに遭うことはないだろうか、何かあったらどうしようなど、心配も多いと思います。そこで、初心者のための参考までに、無雪期の安全な山歩きについて考えてみました。

## 服装・靴・持ち物

### 《下着》

水切れがよく保温性のある化繊の下着を着用して下さい。木綿の下着は汗をかいたあと冷えるので、山歩きには向いていません。季節により、長袖、半袖を使い分けます。靴下も同様で、少し厚手のものを履きます。

### 《上着》

下着同様、化繊のカッターシャツや長袖シャツ、伸縮性がある化繊のズボン、フリースの上着やスキータイツなどを着用します。いずれも、体を冷やさないことが大切です。

### 《靴》

坂道などで滑りにくい、靴底が山歩き用になっているものがおすすめです。めざす山により、沢山種類がありますので、山道具屋さんに相談しましょう。

### 《ザック》

日帰り、あるいは山小屋泊まりなら、30リットルで間に合います。

### 《持ち物》

雨具とヘッドランプ、地図とコンパスは、必ず持つ習慣にしましょう。雨具は、天候の急変はもちろん保温にもあるていど役に立ちます。少々高価でも、ムレなくて撥水性の高いものがおすすめです。

食べ物は少し多目に持ちましょう。満腹感があって力の源になる炭水化物（オニギリなど）、短時間で元気になる甘いもの（アンパンやバナナ、チョコレートなど）を併せ持つと良いと思います。飲み物は、さっぱりしたものと甘いものを持つと良いでしょう。盛夏の日帰り山歩きの場合、併せて１リットル以上必要です。早春や晩秋はテルモスに暖かい飲み物を入れて持つと良いでしょう。いずれも、少し多目に持つことをおすすめします。

その他、帽子、汗拭き用のタオル、薄手の手袋、万一の時のためにバンドエイド、テーピングテープ、ナイフ、ライターなどを忍ばせておくと良いでしょう。ストックについては、急坂でバランスをとったり、マムシよけにも使えますので、１本持つと便利です。２本を器用に使う人たちも増えているようですが、じゃまになることもあります。

### 《レスキューシート》

安価なアルミ製のシートが流行していますが、小さいビニールシートでもＯＫです。万一の時に威力を発揮します。

### 《携帯電話》

緊急連絡用として、携帯電話が使われることが多いようです。電波が届く範囲ではありますが、ＧＰＳ（衛星利用測位システム）機能がついたものは、万一救助要請をする場合、自分がいるところの緯度、経度がわかり、道迷いの修正をする上でも救助を要請する上でもとても便利です。

## 計画書づくり

山岳会に入っている人の場合、計画書の作成と会への提出は当たり前になっています。これは万一捜索する場合にとても役立ちます。山岳会に入っていない場合でも、計画書の作成と、家族や知人にそれを渡しておくことは大切です。計画書の内容は、日程、山域、コースとおおまかな予定、持ち物、装備が、たとえ簡単にでも記されていれば、万一の場合素早い救助活動ができます。（登山届けについては、登山口にボックスなどがない場合もあります）

## 好天の日に出かけよう

天気予報に注意して、好天優先で出かけるようにしましょう。「ひどい目にあった」という場合の多くが、休み優先の方々に見られます。せっかく計画したのだから、やっととれた休みだから、というのは人間の都合で、自然はそれに合わせてはくれません。

## 山歩きの基本

平地と違って、登ったり下ったりして疲れるのが山歩きです。疲れないためには、ゆっくりした一定のペースで歩くこと、歩幅を小さくすること、段差の大きなところはなるべく避けて、遠回りでも楽なところを歩くことです。休憩は、50分歩いて10分休むというのが一般的ですが、30分歩いて5分休憩という人もいます。あまり汗をかかないペース、仲間と会話ができるくらいのペースで歩いてはどうでしょうか。

行動食をこまめにとることも大切です。突然力がはいらなくなる原因の多くは空腹です。休憩ごとにこまめに食べ物をとりましょう。

登山道が崩れていたり岩場、クサリ場など危険箇所を通過する場合は、ムリだと感じたら迂回するか引き返すことです。

## 単独はやめましょう

初めて山に出かける場合、慣れた人といっしょに出かけましょう。単独は気楽ですが、自分に何かあった場合、不便です。人気の山なら、通りがかりの人に力を借りることができますが、地味な山となると、誰にも会わない方が多いものです。

## 地図、コンパスの使い方

地図は、ハイキングマップと国土地理院の2万5千分の1地形図を併用すると便利です。最近ではパソコンを利用して、地形図、コースの高低差や斜度、一帯の立体図まで出せますので、国土地理院の地形図を買う人は少なくなっているようですが。地図、コンパスの使い方については、本や山岳会主催の講習会などに参加して、習熟しておきましょう。

## 持病対策

中高年になると、みんな何かしらの持病を抱えています。中でも危険なのは心臓疾患を抱えた方の場合です。対策が特にあるわけではありませんが、強いて言えば、負担をかけないようのんびりペースを心がけることでしょうか。

## クマ、マムシなどの対策

山の中には、多くの生きものが暮らしています。景観を楽しみながら、一方でいつも周囲に注意を払うことが大切です。

●クマ対策は、クマよけの鈴を鳴らしながら歩き、クマに人間の居場所を常に知らせることです。ただし、子熊を見かけたら、その場から遠ざかることです。子供を持つ母熊は過敏になっていますから。

●マムシは、雨後に甲羅干しで登山道などに出てきます。山域によって、多いところと少ないところがありますが、足元に目配りしながら歩き、寝そべっていたらストックなどで追い払うことです。また、休憩場所や木の枝、岩などに手をかける場合も、注意しましょう。熱に反応するので、いきなり噛《か》みつかれる場合があります。マムシなど毒蛇に噛まれたら、傷口をすぐ水洗いして（口で毒を吸い出す場合は注意して）、傷口の上部を縛って毒が回らないようにし、すぐに下山して医者に向かうことです。

●ヤマビルは、道々の草木にいて、通る人間の熱に反応して吸い付きます。ヒルのいるところでは、襟首まわりや袖口など、仲間とこまめに

点検しながら歩きます。吸い付かれると出血がすぐには止まらないので、バンドエイドで押さえるしかありません。ヒルはナメクジ同様塩に弱い生き物なので、ヒルの山に出かけるときは、食卓塩をポケットに入れておき、振り掛けるとすぐ死滅します。

●アブ、オロロ、ヌカカなど吸血性の生きものには、虫除けスプレーなどで対応するしかありません。

## 万一の場合の対応

事故原因で多いのは、道迷いと、それに起因した滑落などだそうです。事故が起きたら、状況を確認し、無理をせずにいち早く救助要請をすることです。事故現場をGPSなどで特定し、電波の届くところから携帯電話で要請します。状況によりヘリによる救助が行われます。

道に迷ったと気づいたら、元に戻って地図とコンパスを出して確認するのが最善です。往路と復路が同じの場合、迷いやすそうなところに赤布など目印をつけておくことも良い方法です。

ケガはしていないものの、道に迷って夜になってしまった場合は、雨露をしのぎやすい場所に移動し、しっかり食事をとってレスキューシートあるいはツェルトをかぶって明るくなるまで動かないことです。焚《た》き火ができるところでは、枯れ木などを集めて焚き火で暖をとって寒さをしのぎましょう。

## 山の簡単料理

テント泊の夕飯は別にして、昼間はオニギリやパンなどで済ませることが多い山歩き。それでも昼食時に暖かいものが一品あると、心が温まります。時間があるときなどは、ナベやフライパンを担いで、トン汁、煮込みうどん、焼肉と、なんでも有りで、自宅から調理済みの材料を持って行って楽しみます。ただ、ほとんどは、ラーメンとか味噌汁が一品つくだけで満足しています。インスタント、レトルト食品が沢山ありますので、湯を沸かせばおいしいものが簡単に出来る時代です。携帯用のガスコンロとコッヘル、そして水があればOKです。

## ツアー登山について

北海道トムラウシ山での「大事故」以後も、ツアー登山の人気は高いようです。賛否は控えますが、地域の山岳会などに加入して、心許せる山仲間たちと、安く、楽しく、安全な山歩きをされることをおすすめします。

# 本書の使い方

●掲載したデータは原則として2012年5月18日現在のものです。その後、変更になっている場合もありますので、施設利用料金や営業時間などは事前に確認してください。

●収録した山それぞれにおすすめの季節、アクセス、登山時の注意点などのアドバイスが掲載してあります。山の状況は取材当時のものです。その後、変化している場合もありますので、最新の情報を事前に確認してください。

●参考コースタイムは標準的な所要時間（休憩時間は含みません）ですが、気象条件、登山経験、体力などによって変わることを念頭において計画してください。

**地図凡例**

| | |
|---|---|
| 今回のコース | 河川 |
| 登山道 | 線路 |
| 一般道 | リフト |
| 稜線 | ▲ 山頂（数字は標高を表します） |
| | 絶景ポイント |

※それぞれの山の説明につけた地図は、国土地理院発行の2万5千分の1地形図に基づいて作成しました。

コナラの中に続く明るい道を下る

# 1 山伏山《やまぶしやま》

## 義経伝説に守られた奥能登最北端の森

標高 184m

参考コースの所要時間 約1時間25分

奥能登の最北端にある山伏山《やまぶしやま》に向かった。飯田から蛸島《たこじま》を経て、三崎町を過ぎたところで、海岸線の向こうに山伏山を発見する。珠洲岬から西へなだらかに尾根が延び、途中から急傾斜になり、こんもりと盛り上がるように木々が生い茂っている。

### 義経愛用の笛

山に取り付く前に、まず須須《すず》神社に立ち寄ることにする。というのは、源義経が都を追われて奥州へ逃げる途中、珠洲岬でシケに遭うのだが、三崎権現（須須神社）に向かってお祈りをしたら、たちまち風がやみ難を逃れた、そのお礼に平家の名宝と伝えられた義経愛用の蝉折《せみおれ》の笛を須須神社に奉納。その貴重な笛を見せてもらえるというのだ。

葭ヶ浦《よしがうら》の海に向かって建つ石の鳥

# 山伏山

**参考コース**
スタート 木の鳥居 ▶10分▶ 石の鳥居 ▶25分▶ 須須神社奥宮（山頂）▶15分▶ 石の鳥居 ▶20分▶ 狼煙集落手前の車道 ▶15分▶ 木の鳥居

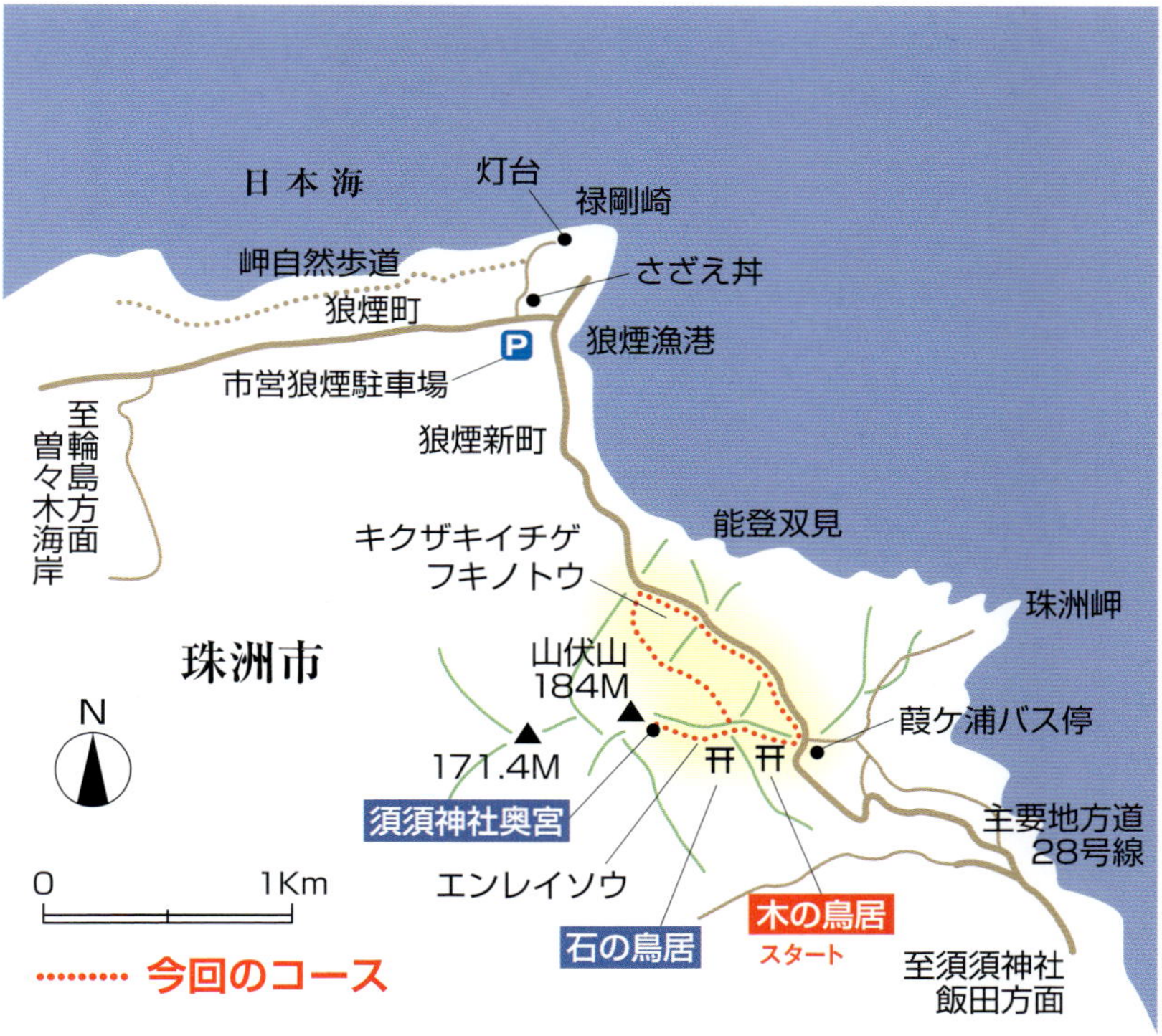


## ■おすすめの季節

フキノトウが顔を出す春先から晩秋まで、盛夏を除けばいつでも楽しめる。

## ■アクセス

主要地方道28号線を北上し、須須神社前を過ぎて珠洲岬へと向かう。峠を上りきり岬に下りる道が右手に現れたら、その反対側の左手向かいに、登山口となる木の鳥居と階段がある。

## ■アドバイス

トイレ、水場はないので、須須神社で。春先の山菜採りは、立ち入り禁止区域に注意。

●国土地理院地形図　2万5千分の1地形図「珠洲岬」

狼煙漁港のむこうに山伏山が見える

居をくぐり、参道に足を踏み入れる。すぐに鬱蒼《うっそう》と生い茂った木々に包まれる。スダジイ、ケヤキ、モチノキ、モミノキ、ヤブツバキ…。巨大なタブノキの幹には直径10センチほどのイタビカズラが絡まっている。少し登った先の左手に社務所がある。戸を開けて声をかけると、38代目宮司の猿女《さるめ》貞信さんが出てきて、「それじゃあ」と拝殿脇にある宝物殿に案内してくれた。

漆塗りだろうか、蝉折の笛は黒くくすんでいる。その隣には、義経に同行していた武蔵坊弁慶が寄進した「左」の銘が入った40センチほどの守《まもり》刀《がたな》も並んでいる。１１８７（文治３）年と言うから８００年以上前のものだ。また上の段には国の重要文化財に指定されている5体の男神像が置かれている。やはり８００年ほど前のもので寄木造《よせぎづく》り。それぞれ顔が違っ

木々に包まれた広い道

ていて、まさに「東北鬼門日本海の守護神（須須神社）」にぴったりの表情なのだ。

猿女宮司の説明に耳を傾け、詰め込み学習をしたところで葭ヶ浦へ。峠にさしかかると、「右手ランプの宿」の案内板が現れた。そして道路をはさんだ左手に階段があって木の鳥居が建てられている。山伏山への登り口だ。そばには駐車スペースがないので、その先にある旧山伏山野営場の入り口に車を置かせてもらって引き返す。能登最北端の山歩きのスタートだ。

須須神社で義経愛用の笛を見せてもらう

山頂に向けた登りは、その先の石の鳥居からだ。ゆるやかな坂道を20メートルほど進むと、モミの巨木が現れる。足元に、エンレイソウが群生している。その先はスダジイ、タブノキ、ヤブニッケイなどの木々に包まれた木立の中に急な登りが続いている。最初はまっすぐ、やがてジグザグになって、私たちを上へ上へと誘う。傾斜はキツイけど、とても歩きやすい広い道だ。

## 能登特有の木々

右も左も能登特有の木々、しかもどれも巨木揃い。「このへんが核心部ですね」と、シャッターを切る山岸カメラマ

山頂にある須須神社の奥宮で一休み

山伏山の登り口にある鳥居

ン。つづら折《おり》の途中で、先を歩いていた加藤さんたちが、ちょうどいい具合に横たわっている倒木を見つける。もちろん「休憩にしましょー」となる。「何か独特の雰囲気ですね」「まるで奥深い森の中にいるみたい」としばらく森林ウオッチングを楽しむと、再び急傾斜に挑戦だ。息がちょっと荒くなり始めたところで、道が緩やかになった。

そこから少し、ダラダラーッと下って上り返すと、木々の向こうに須須神社の奥宮が見えてきた。山伏山の山頂だ。もちろん森の中だから、眺望はきかない。かろうじて巨木群の隙間《すきま》から海が見え隠れしているだけだ。

## 下山は別コース

石の鳥居のところまで下りたところで、下山は別のコースにしようとな

かわいいキクザキイチゲ

紫色のスミレも見つけました

群生するエンレイソウ

禄剛崎の灯台は「狼煙灯台」とも呼ばれている

る。旧野営場への近道は、途中まで踏み跡も不明瞭なので、もうひとつ左手に続く林道を辿《たど》ることにする。

「尾根がひとつ違うから、旧野営場からちょっと遠くなりますけどね」

と、目見当で下り口を推測する私に、

「地図とコンパスはどうしたんですか」とスルドイ質問をする山岸カメラマン。20分余り歩いて、狼煙《のろし》の集落にさしかかる手前の車道に出た。ここでまた、みごとなフキノトウを発見。

その隣には白いキクザキイチゲの花が咲いている。

旧野営場に戻って昼食をとったところで、禄剛崎の灯台を見に行こうとなる。市営駐車場に車を置き、キツイ坂道を歩いて丘の上へ出ると、真っ白な灯台の向こうに日本海が広がっている。陽だまりの中で海を眺めてボーッとしていると、ずいぶんと遠くにいるような気がしてくる。

「能登で震度6強」の特別夕刊（北國新聞）が出たのはこの山歩きから4日後のこと。春先はいつも能登の山からスタートするこの山歩き。平和と言えば大げさだけど、平穏でこそ楽しめる「山歩き」だと、あらためて思い知らされた。

「能登半島最北端」の碑

千畳敷と呼ばれる洗濯板のような岩礁

ブナ林の中の
緩やかな
道を進む

# 2

# 宝立山《ほうりゅうざん》

## 船の航行の目印
## 一帯で一番高い山

標高 471m

参考コースの所要時間
約3時間35分

奥能登に残るブナの原生林で有名な宝立山《ほうりゅうざん》に初めて出かけた。山頂付近まで車道があるが、ある程度歩かなくてはうしろめたくなるのが山好きの悲しいところ。さて、どのあたりから歩こうかと考えながら、珠洲広域農道に入った。

最後の集落・大町を過ぎたすぐ先で、道路が車両通行止めになっていた。地図を見ると、登山口の4キロほど手前だ。「ある程度」歩くのに手ごろな距離だ。封鎖場所は、冬に集落まで除雪する際の、除雪車のUターン場所になっているところで、路肩が広くなっている。ここに車を置かせてもらい、通行止めのゲート（2012年5月現在、解除されている）の脇から歩き始める。

## 甘い山水で喉《のど》潤す

道の両脇には1メートル前後の雪が残っている。この春一番のポカポカ陽気に気をよくしながら、車が通らない広い道を独り占めして快適に進む。すぐに、山腹からビニールパイプで引かれた水場にさしかかる。手ですくって飲む。甘い山水だ。右下の川伝いには、まだ雪が解けきらない水田が見える。大町集落最後の水田を過ぎると、左手山腹が崩れ、斜面の赤土がむき出しになったところにさしかかる。通行止めはこの崩落によるものだった。

そこからしばらく、珠洲市に入ったり輪島市に入ったりと、市境のゆるやかな上り坂を辿《たど》り一番高いところに出ると、前方に丸山あたりが見えてくる。ここから宝立山トンネルまでは、緩やかな下り道になる。判《はん》官橋《がんばし》を渡り、続いてトンネルの手前にある黒峰大橋を渡る。スタートして約1時間、4キロほどの道のりだ。

山腹からパイプで水が引かれている

**参考コース** スタート 車止め ▶1時間10分▶ 宝立山トンネル・ポケットパーク ▶35分▶ 丸山分岐 ▶5分▶ 丸山往復 ▶15分▶ 宝立山(黒峰) ▶30分▶ 黒峰大橋 ▶1時間▶ 車止め

## ■おすすめの季節

車利用なら積雪期以外いつでも立ち寄れるが、車道を歩いて辿るなら、残雪期がおすすめ。

## ■アクセス

主要地方道57号線(珠洲道路)から県道288号線に入り、案内標識に従って右手の珠洲広域農道で宝立山トンネルへと向かう。

## ■アドバイス

三角点がある丸山は、漁協の電波施設付近の分岐右側の斜面を登ってすぐ。黒峰権現が祀られている宝立山へは、前述の分岐を左折してすぐに林道から屋根へと向かう2級基準点がある道が右手に見えてくる。この道に入ってすぐ左側の小尾根の踏み跡を、「黒峰の林叢」の白い標柱に従って辿ると山頂に出る。

## ■お問い合わせ

珠洲市役所観光交流課 ☎0768-82-7776

●国土地理院地形図　2万5千分の1地形図「宝立山」「松波」

## 手彫りの点名板

一休みしたら、トンネルの手前から左手にUターンしながら道路上の高架を渡って宝立山ポケットパークに出る。道を覆う雪は40～50センチほど。その上をいくらか潜りながら、山頂へと向かう。強い日差しが雪の照り返しとなって顔面に当たる。すぐにブナ林に包まれた谷筋にさしかかった。芽をつける前のブナ林は、とても明るい。

時折雪に足をとられながら坂道を進み、しっかり高度を稼いだところで右へ急カーブすると、ブナ林の中の平坦な道路になる。そこを上り切ると、右手の木の枝に結わえられた、古い赤布を見つける。三角点がある丸山への上り口のようだ。

三角点まではひと上りだ。一面雪だが、近くの木の枝に、赤布がつけられていて、「丸山」の点名板が取り付けられている。このところ頻繁に見かける手彫りの点名板は、加賀低山徘徊部によるものだ。

珠洲市と輪島市の境を進む

黒峰大橋を渡るとまもなくトンネル

谷筋はブナ林一色

## 天然記念物のブナ林

元の道に戻って、左手へと続く県有林道を宝立山で一番高い黒峰へと向かう。雪道を少し行くと、すぐに右手の尾根に続く道が現れる。この尾根道は、北側斜面の作業道へと続いているが、山頂への道は電柱のところから左に上がる、小尾根上に続

丸山の三角点はまだ雪の下

小尾根の踏み跡を辿る

黒峰権現が祀られている宝立山山頂

く踏み跡だ。前方に標柱が立っていて、「珠洲市指定天然記念物・黒峰の林叢」と書かれている。山頂にある黒峰権現のおかげで、わずかだが伐採されずに残ったブナ林のことのようだ。

ここから山頂までは、ほんのわずかだが急坂だ。道の両脇に張られているロープを頼りに、雪に足をとられながら、丸太の階段を這い上がると、黒峰権現が祀《まつ》られた広い山頂に出た。山頂の中ほどに枯れたミズナラが1本残っている。周囲は黒く苔《こけ》むしたブナの巨木に囲まれている。古びた小さな社の観音開きの木戸を開ける。中にお札が祀られている。供えられている湯のみを取り出して、お茶を入れ替え、しばらく風を通してやる。

## 信仰対象の山

宝立山は、一帯で一番高い山で船の航行の目印とされ、古くは宝嶺山とか法立山、あるいは黒嶺などと書き記されている信仰対象の山だったという。車道を歩き、残雪を踏んでたどり着いた宝立山。社に手を合わせ、車道の通行止めとポカポカ陽気に感謝した。

大町の集落

樹林の中は
ひんやりとした
空気が漂う

# 3 岩倉山《いわくらやま》

## 眼下に広がる日本海 下山後の温泉、海の幸も魅力

標高 357m

参考コースの所要時間
約2時間20分

以前、取立山《とりたてやま》の避難小屋で、輪島からやってきた山好きの仲間たちと出会った。その時教えていただいたのが、曽々木海岸に尾根を延ばしている岩倉山《いわくらやま》だった。地図を開いてみると、輪島の街から20キロほどのところにある。

### 秋の味覚に誘われて

とっさに頭をかすめたのは、輪島→朝市→岩のり→海鮮丼→温泉。山腹にある岩倉寺に問い合わせ、さらに分かったことは、このお寺に予約しておくと山菜料理がいただけるという。とりわけ秋には〝まつたけ料理〟が食べられるとも。

何はさておき、とにかく朝市をめざし能登有料道路を経由して、輪島に向かった。海辺の駐車場に車を止めていよいよ朝市へ。すでに観光客

# 岩倉山

**参考コース** スタート 窓岩駐車場 ▶5分▶ 登山口 ▶20分▶ 千体地蔵分岐 ▶15分▶ 千体地蔵 ▶15分▶ 千体地蔵分岐 ▶45分▶ 岩倉山 ▶20分▶ 岩倉寺 ▶20分▶ 窓岩駐車場

## ■おすすめの季節

海のすぐそばなので、夏でも爽快な気分を味わえる。春の山菜、秋のマツタケの時季には、途中の岩倉寺で食事も可（要予約）。

## ■アクセス

金沢市街からは、能登有料道路からそのまま能越自動車道を辿って県道271号線で輪島方面へ。河井中央交差点で右折、国道249号を曽々木方面へ向かう。窓岩ポケットパークの駐車場に車を止めて、少し歩くと、左手にドライブインが見える。登山口はその前にある。

## ■アドバイス

岩倉寺まで車で上れるが、せっかくなので曽々木海岸からスタートすることをすすめる。千体地蔵は、本道から右へ下って、しばらく歩いたところにある。岩倉寺から車道を少し歩き、途中、右手に続く遊歩道伝いに進むと窓岩の近くに下りられる。ここから日本海が望める。水場、トイレは駐車場にあり。

## ■お問い合わせ

輪島市役所 ☎0768-22-2211
●国土地理院地形図　2万5千分の1地形図「曽々木」

なだらかな山容を見せる岩倉山

でいっぱいだ。道の両脇からおばちゃんたちの威勢のいいかけ声がとぶ。〝お兄さん〟と呼ばれて「まさか、この俺《おれ》」と振り返ると、やっぱり私のことを呼んでいる。右手に鮮魚を持ってすすめている。左手からはワカメが迫る。

露店のあの独特の雰囲気に呑《の》まれて、ついつい買い過ぎてしまう。焼き立ての草もちをほおばりながら、とにかく曽々木へと向かう。

千枚田の付近を大きくカーブしながら右に回り込むと、その先にとんがった形の窓岩と、海にせり出した岩倉山が見える。

窓岩のそばにある駐車場から登り口に向かって歩きだすと、「郷土料理、刺し身、天ぷら、トンカツ、エビフライ、地酒専門店」と書いてあるドライブインの真ん前に案内板が現れた。地酒の看板からスタートとはと、ニヤ

自然がつくりあげた奇観「千体地蔵」

ニヤしながら畑の中を歩き始める。

## 曽々木海岸を一望

ケヤキ、ヒサカキなどが生い茂る急な上りをすすむ。潮風が心地よいにもかかわらず、前夜のアルコールがドッと噴き出す。淡いピンクのササユリに出迎えられると、そのすぐ上が千体地蔵との分岐になっている。曽々木の町から窓岩一帯を眼下に見ながら、ひと息入れると、まずは右手にコースをとって千体地蔵を見に行く。

クサリ場などもあって大変なところと聞いていたが、今は手すりがつけられ、階段も整備されており、とても歩きやすくなっている。そして、枯《か》れ沢をひとつ越えて左へ回り込むと、千体地蔵の前へ出た。

「風化、浸食された流紋岩と安山岩の節理により石仏が林立しているように見

日本海を背景に山道を行く。海辺の山歩きならではの景観だ

山ふところに抱かれた岩倉寺

える」ことから名付けられたもので、本当にお地蔵さまが並んでいるようだ。すぐ下には展望台が作られていて、ベンチが2つ。さわやかな海風を楽しみながら一服とする。

　引き返して、岩倉山へと向かう。ヤマボウシがみごとに咲いている。樹林の中はひんやりとしていて、傾斜も幾分緩やかで歩きやすい。いったん水平道に出て、ぐるりと山腹を回ると、再び急階段の登りに入る。この坂、「みのまくり坂」とある。T字路にぶつかったところを左に少し登ると展望台に出た。

## 岩倉寺から窓岩へ

　再び一服してから、分岐に引き返して岩倉寺と山頂の分岐となっているベンチまで進む。ここからひと登りで山頂だ。まだ下草などが刈り込まれていないため眺望はきかない。

　引き返して岩倉寺へと向かう。よく整備された道をしばらく下ると、樹林越しに甍《いらか》が見えてくる。そして、すぐに岩倉寺の鐘楼《しょうろう》のわきに下り立った。もちろん一服だ。鐘楼の下に腰を下ろして、ニギリメシで腹ごしらえとする。

　「マツタケの時季に、ぜひもう一度」と誓い合ったところで、遊歩道を窓岩に向かって下り始める。

道のわきでは、お地蔵さまが穏やかな笑顔をみせていた

可憐な花を咲かせるササユリ

一面に咲くヤマボウシ

展望台から曽々木海岸を望む。遠く窓岩も見える

岩倉寺の鐘楼で小休止

ここから先は、道々調べつくしたおすすめコースだ。まずは眺望のよい高台にある「輪島荘」で温泉につかる。

汗を流した後は、もちろん「海鮮丼」だ。目星をつけておいた「まだら館」へ直行すると、新鮮な刺し身とダシ巻きが乗った海鮮丼に、ダシが効いたみそ汁、そして漬物。当然、岩倉山はおすすめのハイキングコースに加えることにした。

春の陽光に桜滝の水がきらめく

# 4 猿山《さるやま》

## 可憐《かれん》な雪割草《ゆきわりそう》と日本海の絶景 温泉と蕎麦《そば》の楽しみも満喫

標高 332.3m

参考コースの所要時間 約2時間40分

雑誌で〝門前そば〟のページを開いたら、いつもの衝動というか発作が襲って来た。3月下旬で、ちょうど雪《ゆき》割草《わりそう》の咲く時季だ。さっそく門前を抜け深見の集落に向かう。

まずは滝神社のすぐ裏手にある桜滝の見物だ。車止めから歩いて1分、社《やしろ》の裏のひんやりとした木立の中に、落差30メートルほどの滝が飛沫《しぶき》をあげて落ちている。スタート前に気持ちに潤いをもたせたところで、海岸べりに作られたきれいなトイレ脇の駐車場から猿山《さるやま》に向かう。

### 春の日本海を望みながら

「海岸コース」と「急坂コース」の案内に、迷わず「海岸コース」を選ぶ。20分ほど登り、最初のあずまやに着いたところで、ひと汗ぬぐう。グングン上昇する気温は、まるで初夏。日

# 猿山

**参考コース** スタート 深見 ▶20分▶ 最初のあずまや ▶15分▶ ピンク色の 雪割草群生地 ▶35分▶ 猿山分岐 ▶20分▶ 白色の 雪割草群生地 ▶1分▶ 猿山灯台 ▶70分▶ 深見

## ■おすすめの季節

ほぼ1年を通して楽しめるが、3月末のユキワリソウの咲く時が最高。

## ■アクセス

金沢市街からは、能登有料道路横田ICで下車、国道249号で門前町方向へ。道下で鹿磯・深見方面へ。深見港にきれいなトイレと駐車場がある。駐車場からすぐに猿山自然歩道の入り口がみえる。

## ■アドバイス

桜滝見物をする場合は、駐車場から川沿いに少し上り、左手の林道脇の車止めまで行くとよい。自然歩道は、よく整備されて歩きやすいが、海回りコースのあずまやまではやや難あり。ユキワリソウの群落には足を踏み入れないように。猿山山頂へは、灯台に向かう途中にある欣求峠から右手に少し上ると行ける。水場は途中の沢筋、トイレは駐車場にある。

## ■お問い合わせ

輪島市役所門前総合支所
☎0768-42-8720
●国土地理院地形図　2万5千分の1地形図「能登黒島」「皆月」

本海に目をやっても「春の海」の状態で、白く霞《かす》んでいる。

ここからすぐ先で急坂コースと合流して平坦《へいたん》なコースになり、やがて

雪割草群生地とコースをチェック

沢筋に下る道にさしかかる。白いキクザキイチゲに見とれていると、下から山菜採りのおばあちゃんがやってきた。「なにが採れるんですか」と尋ねると、腰に結わえた籠《かご》からギョウジャニンニクを取り出して「持って行きな」と差し出した。

沢筋で薄紫のキクザキイチゲを見

木々が芽吹き、沢の水もぬるみ、山は日一日と春の装いへ

つけると、ワクワクしてくる。ひと登りして水平道にさしかかったところで、スミレをやや大きくしたようなピンクの花が足元に現れる。初対面の雪割草だ。

自然歩道の脇に群生する雪割草

## 中高年もマナーを守って

そこに、「ご苦労さま」と言う元気な声がかかる。腕に緑色の腕章をつけた、夏山でよく見かける監視員スタイルのおばちゃん2人とおとなしいワンちゃんが1匹。「はいっ」と差し出されたのは「自然はみんなの宝物です」というピンクのチラシだ。かつては絨毯《じゅうたん》を敷き詰めたように咲き乱れていた雪割草が今は見る影もなく

薄紫の花弁が愛らしいキクザキイチゲ

陽射しを全身に浴びて、春めく山の景色を満喫

なった。原因は根こそぎ持ち帰る心ない人たちが多くなったことだと切々と訴える2人。深見地区で交代で監視を始めたのだと言う。

「若い人たちのことをあれこれ言いますが、中高年のマナーのほうがよほど悪い」と2人は嘆く。注意すると逆ににらまれるのだそうだ。

青空を背景に白く優美な姿を見せる猿山灯台

一帯は、ピンク色の雪割草の群生地になっている。雪割草は本来、ミスミソウのこと。このミスミソウの仲間にスハマソウ（州浜草）とオオミスミソウがあり、猿山に咲く雪割草は濃いピンク、薄いピンク、白と、色が変化しているもので、厳密にはオオミスミソウなのだ。

中高年のマナーの悪さを中高年の

おばちゃんから訴えられた中高年の私は、なんだか神妙な気分になってしまった。

気を取り直して、とにかく猿山の灯台をめざす。一面咲き乱れる白いキクザキイチゲをかきわけ、白い雪割草が群生する樹林を抜けると、猿山灯台にたどりついた。

同じ山登り仲間のマナーの悪さを憂いながら、コンビニで買った四万十《しまんと》海苔《のり》入りのニギリメシをほおばった。

曹洞宗の能登の拠点・總持寺祖院

深見の集落を背に高度を稼ぐ

## 温泉と蕎麦《そば》で締める

歩いたあとの楽しみは、何といっても温泉だ。深見から車で5分ほどのところにある「じんのびの湯」につかり、海を眺めながら「いやぁ、じんのびした」となったところで、もちろん總持寺祖院をチラリと一瞥《いちべつ》して、門前脇にある「手仕事屋」という蕎麦《そば》屋に突入。おばさんに、「この〝ぶっかけそば〟ってのお願いします」とコーフン気味に注文する。突き出しに出された冷や奴《やっこ》に醤油《しょうゆ》をぶっかけて一口。「うまい」。思わず声を発してしまった。ゴマ入り豆腐とでも呼べばよいのか、ゴマのほのかな風味が口いっぱいに広がる。「ぶっかけそば」は、冷たいダシに削り節が乗っただけのシンプルなかけ蕎麦だ。「とろろをつなぎに使った門前そばじゃなくて、うちのは二八《にはち》そばなんです」とご主人。コシのある蕎麦にうまい豆腐。だから山歩きはやめられない。

ウグイスの鳴き声を聞きながら、のんびり早春の道ゆきです

# 5 高尾山《たかおざん》

## 鬼屋川を遡り
## 観音道から古和秀水《こわしゅうど》へ

標高 210m

参考コースの所要時間
約1時間55分

能登半島地震から1年。毎年、能登の山を歩かせてもらっている恩返しをと、輪島市門前町の高尾山《たかおざん》に出かけた。仮設住宅のすぐそばにあるコンビニで行動食を買い、大本山・總持寺祖院へと向かう。修築を終えた家、建て直している家、壁をブルーシートで被っている家…。輪島市役所門前総合支所の近くに興禅寺の山門が残っている。立て札には「3月25日、9時42分に全壊しました。山門と地蔵様と賽銭箱《さいせんばこ》だけが残りました。」とある。賽銭箱には「再生」の二文字が力強く書かれている。

### 「観音様の道」

スタートは大本山から。隣接する門前高校の脇を抜けて、鬼屋川沿いの道を歩き出したところで、電動三輪車に乗ったおばあちゃんに出会う。

興禅寺の山門。賽銭箱には大きく再生と記してある

「観音様の道を歩かれるかね。毎年5月10日にお祭りがあって、30人、40人と集まってたなあ」と、高尾山祭りの様子を話してくれる。祭りには、大本山の講中（梅花講《ばいかこう》）や地元の人たち、そして修行僧の方々も参加して、ご馳走《ちそう》をいただき般若湯《はんにゃとう》（酒）も振舞われるという。

　鬼屋の集落を抜けると、土手の下に淡い紫の花をつけた草が群生している。山歩きの植物の監修を引き受けてくれた松枝章さん（当時65）は「ヒメオドリコソウですね。シソの仲間です。ヒメっていうのは小さいという意味なんです」と説明してくれた。松枝さんはかつて、石川県の林業試験場で働いていたプロ。草木オンチの私たちにとって心強い味方だ。

　西中尾への上りにさしかかる手前で高尾橋を渡る。川を右手に見ながらしばらく行くと、左手の谷筋に堰《えん》堤《てい》が現れる。「観音様の道」は、この堰堤の右側から始まる。丸太の階段を上りだすとすぐに最初の観音様の前にさしかかる。立て札には「第1番・那智山青岸渡寺《せいがんとじ》」とあり、「ふだらくや　きしうつなみは　みくまのの　なちのおやまに　ひびくたきつせ」の歌とともに開基した上人の名前が記されている。続いて2番、3番と、10〜15メートル間隔で観音様が

**参考コース**

スタート **大本山・總持寺祖院** ▶30分▶ **堰堤**（登り口）▶30分▶ **高尾山**（金比羅堂）▶10分▶名水・**古和秀水**▶5分▶ **峨山道標識** ▶15分▶三角点▶25分▶ **大本山・總持寺祖院**

## ■おすすめの季節

積雪期以外いつでも楽しめる。古和秀水一帯の桜が見ごろの4月が特におすすめ。

## ■アクセス

輪島市から国道249号線で門前にある總持寺祖院へ。

## ■アドバイス

車は、門前高校横の市営駐車場に置く。水場、トイレは、總持寺祖院と古和秀水のところにある。登山口の取り付きは、左手にエンテイが現れたら、エンテイに向かって右手。

## ■お問い合わせ

輪島市役所門前総合支所

✆0768-42-8720

●国土地理院地形図　2万5千分の1地形図「門前」

奉られていて、そのうち何体かは、地震によって倒れたり崩れたりしている。とはいえ、道は広くてとても歩きやすくなっている。

鬼屋の集落を歩く

## 一目で木の種類を見分ける

「ヒノキの樹林帯ですね」と松枝さんに声をかけると「これはアテです。ヒノキより葉がボテッとしているでしょ」と返ってきた。「えーっ、そうなんですか」と仲間たち。「アテって言うんですか」と聞き返す小川明日美さんに「このあたり特有の木で、ヒノキより香りが強くて貴重なんです」と教えてくれる。「あの奥にある大木はなんですか」と聞くと「あれはケヤキです」と松枝さん。アテとスギが混在した中を進むと、今度はムラサキシキブ。紫色の実がついていなくても、一目で木を見分けられる松枝さんは、単なる自然観察のプロではなくて、樹木のお医者さんでもあるのだ。

「へえーっ」「そーなんですか」と、

名水・古和秀水を汲んでみた

ツクシが春の息吹をつたえる

かれんなヒメオドリコソウ

樹林の中はフィトンチッド(森林の香り)がいっぱいで気持ちがいい

木々の学習をしながら、観音様が現れるたびに立て札に書かれた歌を読んでいたら、あっという間に33番観音の前に。そしてすぐ高尾山の山頂に出た。ここは能登國33番観音札所の28番で、かつては「立持寺《りゅうじじ》」という観音堂があったのだが、今は金比羅《こんぴら》堂《どう》だけが残っている。「休憩にしますか。ずっと休憩してたようなもんですが」と、ちょっとひと休みしてから山を後にする。

## 古和秀水の言い伝え

名水・古《こ》和秀水《わしゅうど》は、ここからいったん車道に出て、４００メートルほど東へ歩いたところにある。シロタブがひとかたまりになって生い茂っている。ざっと数えて20本。そこからゆるやかにカーブした先に、桜並木が顔を出し、左手にショウブ池、右手に日本

峨山道の入り口

名水百選の古和秀水を守る建物が現れる。「こわしゅうど」と聞いて、なんと難しい読み方なんだと思ったら、元々は酒好きの父親がこの名水を飲んでホロ酔い気分で帰ってきたのを見て、ためしに息子が飲んでみたらただの水だったことから「親は酒酒子は清水《しゅうど》」とその息子がつぶやいたのを、本山の修行僧が「もっとめでたい字に」と現在の字にしたのだと伝えられている。もちろん、酒好きの父親も孝行息子も共に、貧しいけれど信心深い村人だったとある。

「それじゃ、汲《く》んで帰りましょう。家に着いたら酒になっているかもしれませんよ」と山岸カメラマン。「ダメ、信心深くなくっちゃダメなんです」と説得したところで歩き出す。

車道をしばらく歩き、「峨山道《がざんどう》」の標識に従って左折する。鬼屋神社を過ぎたところで再び峨山道の標識。ここで車道と別れて尾根道に足を踏み入れる。もちろん「アテ」の樹林帯だ。「とてもいい道ですね」と小川さん。峨山道はいわゆる「古道」。峨山禅師が羽咋市にある永光寺と門前の大本山を毎朝往来したと伝えられる道なのだ。途中三角点があって、その脇に「峨山越」と刻まれた石が置かれている。そこからゆるやかに下って、一旦車道に出ると、大本山に続く最後の道に分け入る。

地蔵様が数メートル間隔で奉られている。そのすぐ先にはモミの巨木。丸太の階段を下ると、木々の隙間越しに大本山の甍《いらか》が見えてきた。

山頂で記念撮影

観音様に手を合わせる

岬には絶壁が切り立っています

# 6

# 遠島山《とおしまやま》

## 歴史ロマンが詰まった低山
## 能登の自然と文化を満喫

標高 28m

参考コースの所要時間
約1時間25分

### 山高きが故に貴からず

久しぶりに能登の山に登ろうと思い立ったのは3月の終わり。桜の季節も近いというのに、奥能登にはまだ相当の雪が残っている。そこで選んだのが、能登町にある「遠島山《とおしまやま》」だった。

遠島山は宇出津《うしつ》港そばにある岬だ。標高28メートルという低さが、半端でなくていい。「山高きが故に貴《たっと》からず　樹《き》あるを以《もっ》て貴しと為《な》す」と、どこかで聞いたことがあることわざを思い出しながら、山歩き初めての高取《たかとり》初光《はつみ》さんやいつもの仲間たちと、雪が残る珠洲街道から宇出津に向かった。

宇出津港に出ると、目指す岬が目の前に現れる。「あの一番高いところが山頂ですね」と初光さんが、その中ほどの松林を指差す。港から

ひとつ走り。山頂近くの駐車場までイッキに上がれば、そこがスタート地点である。

## 室町時代の城跡

一帯は、室町時代に海路の警護を目的とした棚木城《たなぎじょう》があったところだ。現在は遊歩道が整備され、「遠島山公園」として家族連れらがハイキングを楽しめる場所になっている。コースは2つあって、Aコースは20分、海岸線沿いのBコースは50分とある。

出発点となる駐車場には馬洗池《うまあらいいけ》がある。棚木城を築いたとされる棚木左門氏之（畠山義統《よしむね》の二男）が、能登の国の守護・畠山氏からもらった名馬の手入れをしたと伝わる小さな池で、高台にもかかわらず水が枯れることがないという。

「はるばる来たのだから、じっくり歩きましょう」と提案すると、「じゃあBコースで」とさっさと歩き出す仲間たちを、「いや、最初はAコースから」と引き留めて、一面苔《こけ》で覆われた庭を、タブノキやアカマツの脇から港が見えるあたりに向かう。周囲は木々に包まれていて視界は悪いが、「樹あるを以て貴し」と、ベンチの上に立ち、アカマツの枝の下から港の赤い灯台を見つけて満足する。

## 全国から訪れた人々の足型

すぐ左手に、滑り台のような道が崖《がけ》から海へと続いている。「米流し坂」と案内にある。1577（天正5）年、上杉勢の兵糧《ひょうろう》攻めに遭った際に、城に水がたくさんあるように見

名馬を手入れしたと伝わる馬洗池

参考コース

スタート 駐車場・馬洗池 ▶20分▶ なめり坂分岐 ▶20分▶ 月見御殿跡（あずまや） ▶1分▶ 岬・離れ島 ▶25分▶ 舟隠し ▶20分▶ アスレチック広場・駐車場

## ■おすすめの季節

雪がなければ一年中楽しめるが、桜が咲く4月からノトキリシマ、サツキが咲く5月頃が良い。海水浴やテニスなどスポーツとセットで夏も良い。

## ■アクセス

能登有料道路から珠洲道路（主要地方道57号線）で上町の立体交差点を右折して宇出津町野線（6号線）に入り、宇出津の港から35号線を東へ。すぐに現れる遠島山公園の案内看板を右折して公園駐車場へ。

## ■アドバイス

普通の服装にスニーカーで十分。トイレは公園入口にあり、水場は児童公園内に設置。

## ■お問い合わせ

遠島山公園 ☎0768-62-3669

●国土地理院地形図　2万5千分の1地形図「宇出津」

ジメジメした「なめり坂」を慎重に下る

戦乱の世の名残り、「米流し坂」

敷き詰められた足型の板からは、全国から観光客が訪れることが分かる

鮮やかな赤のヤブツバキ

木々が生い茂る「潮騒の小径」

せようと、この滑り台から米を流して滝に似せたところだ。もっとも、この作戦は、米粒に鳥が群れ寄ったため上杉勢に見破られ、棚木城は陥落したのだそうだ。

そこからコースをはずれて、アカマツ林の広い作業道を歩く。道の両側にレンガ色の板が敷き詰められている。見ると人の足型がついていて、「京都、25・0、１９９３・９・３、№２３３８」と記されている。これは京都の男性で、足の大きさは25センチ、訪れたのが１９９３年９月３日で、足型をとったのは２３３８人目という意味だ。

そのほかにも金沢の男性、高知の女性と、全国から訪れた観光客の足型の板がどこまでも敷き詰められている。聞くと、地域おこしを目的に始めたが、６０００枚ほど貼り付け

静かな波が打ち寄せる「舟隠し」

奥能登唯一の吊り橋「しらさぎ橋」を渡る

たところで板を敷くスペースがなくなったのだという。

## 城主の娘が住んだ御殿跡も

道草を食いながら歩くうち、「なめり坂」にさしかかった。ジメジメした坂を、落ち葉を頼りに滑らないようにジグザグと下ると崖っぷちに出た。晴れていれば、立山連峰が一望できるそうだが、この日はあいにくの曇り空。どんよりとした空と海しか見えない。

崖を後にヤブツバキのトンネルの中の苔むした坂を上ると、コースの真ん中に残された1本のアカマツにぶつかった。そこを右へ、「潮騒《しおさい》の小径《こみち》」の案内にしたがって、木々が生い茂る海辺沿いの道をたどる。ベンチがあったところで一休みだ。

そこからは、アップダウンの繰り返しとなる。真っ赤な花を咲かせるヤブツバキの脇を通り過ぎ、しばらく進むと、前方にあずまやが見えてきた。「月見御殿跡」だ。城主の愛《まな》娘が住み、入り江に映る月を見るのが好きだったと書かれている。十五夜の満月には、城兵たちを集めて宴《うたげ》を催したそうだ。

月見御殿跡から岬まではほんのわずか。松林を下ると前方が大きく開け、切り立った絶壁に出た。その断《だん》崖《がい》から海を隔てて少し先の、手が届くほどのところに小さな離れ島が見える。

宇出津港そばにある遠島山

遠島山公園は多彩な文化施設がそろう

## 多彩な文化施設楽しむ

　岬の風景を満喫したら、あずまやに引き返してメタケが茂る坂道を「舟隠し」へと下る。山の急斜面にはショウジョウバカマが咲いている。小さな入り江になった「舟隠し」は、外海から見えにくいため、敵襲に備え、警護の舟を隠して係留したところだ。

　波が静かに打ち寄せる砂浜から、後ろを振り返ると、遊歩道を境にして山側一帯の谷間がハナショウブ園になっていて、その湿原のはるか上の方に朱色の橋が架かっている。奥能登で唯一の吊《っ》り橋「しらさぎ橋」だ。

　舟隠しの入り江を後に、急階段の上りが始まる。「きょう一番のキツイ上りですね」と、息を切らしながら上り切ると、ユースホステルがある広場が現れた。桜はまだつぼみだが、梅が見ごろだ。ここから全長67メートルの吊り橋を、舟隠しの入り江を見下ろしながら渡り、スタート地点に戻る。

　遠島山公園には、美術館、郷土館、民族館に加え、昭和初期まで使われていた胴船《どうぶね》（国指定重要文化財）も展示されている。アスレチック広場のベンチで昼食をとった後、それらの文化施設のハシゴに挑戦する仲間たち。「人学ばざれば智無し」と、いつになく真剣に学習していた。

落ち葉を敷き詰めた穏やかな道が続く

# 7 焼山《やけやま》

## 能登らしい山 静かに樹林歩き

標高 189.3m

参考コースの所要時間 約2時間

### 山に「出かける」

「山に登った」というと、山頂まで歩いたことをさすのが普通だ。途中で引き返したら、それが山頂近くでも「山に出かけた」としかならない。焼山《やけやま》一帯の地形図を見ていて、「山頂まで行けるかな」と思ったが、どこまでも丘陵地が広がる奥能登らしい山が歩いてみたくて、焼山に「出かける」ことにした。

### コナラ林が広がる

能登有料道路から珠洲道路に入り、しばらく東へ進むと太田原にさしかかる。そこを右へ、主要地方道37号線に入り、太田原川に沿って南下する。T字路にぶつかったところで右折して、県道273号線で菅谷《すげんたに》の集落へと向かう。緩やかに坂道を上

ると、すぐに峠にさしかかる。右手から道路が1本合流し、前方に菅谷集落の最初の家が見えてきた。

左手に目をやると路肩が広くなったところがあり、そこに作業道のゲートがある。焼山への登り口だ。ゲート脇に、朽ちかかった標柱があって、「埋蔵文化」という文字が読み取れる。路肩脇の残雪を乗り越して、この作業道に足を踏み入れる。前の年のものだろう、轍《わだち》の跡が残る道はちょっとぬかるんでいるので、落ち葉の上を伝って進む。道はもちろん、周囲の山々も起伏はほとんどなく、コナラ林がどこまでも広がっている。

## ウオーキング感覚

ヒサカキやツゲ、ヤブツバキが深緑の葉をこんもりと茂らせて、ところどころに現れる。細身のコナラ林が、春の空に向かって芽吹こうとしている。ゆるやかに蛇行を繰り返しながら歩いて行くと、アカマツがポツリポツリと顔を出し始める。高低差も変化も全くない造林作業道がどこま

スタートは菅谷集落手前のゲートから

# 焼山

**参考コース** スタート 菅谷登山口・ゲート ▶40分▶ 分岐 ▶10分▶ 分岐 ▶10分▶ 焼山 ▶1時間▶ 登山口・ゲート

## ■おすすめの季節

雪がなければいつでも樹林歩きが楽しめる。

## ■アクセス

能登有料道路から能登空港を経て珠洲道路を東に向かい、太田原を右折して主要地方道37号線に入る。T字路にぶつかったら右折して県道273号線で菅谷へと向かう。集落にさしかかる手前の左手に、スタート地点である作業道のゲートがある。

## ■アドバイス

丘陵地の里山で、案内標識などはないので、地図などで下調べを。造林作業用の道なので、広くて歩きやすい。最初の分岐は右へ、次の分岐はまっすぐに進む。山頂は作業道終点から少し尾根を辿ったところだが、樹林の中なのでヤブになっている場合は入り過ぎない方が良い。樹林歩きが好きな方におすすめ。

●国土地理院地形図　2万5千分の1地形図「長沢」「鵜川」

でも続くので、緊張感はゼロ。ウオーキング感覚の山歩きとなる。

残雪が所々に現れる。そのたびに、道の端のチマキザサやエゾユズリハが茂る道脇によけて、靴を汚さないように進む。やがてアカマツの若木が一面を包む明るく開けたところにさしかかった。陽射しはとてもやわらかくて心地よい。アカマツ林のその先から、たっぷりと砂利が敷かれた道になる。足を踏み出すたびにザクザクと大きな音をたてて、靴が砂利に潜る。

アカマツが現れる

道端にはエゾユズリハも

ヤブツバキ

## シラカシの大きなトンネル

右へゆるやかにカーブすると、最初の分岐にさしかかった。地図を確かめてここを右へ、再び、落ち葉が敷き詰められた広い道を辿《たど》る。左へ大きく曲がると、シラカシだろうか、大き

最初の分岐を右へ

樹林のトンネルをくぐってさらに先へ

このあたりが焼山のようだ

山頂付近に残る測量用の目印

なトンネルを作ってあたりを包んでいる。そのトンネルを抜けて少し行くと、右手から1本道が合流した。辿ると、まだ新しい杉の植林地に続いていた。

元にもどって、さらに10分ほど進むと、作業道の突き当たりに出た。トラクターの荷台の残骸があって、Uターン場所になっている。焼山の「ピーク」は近いはずだ。そこから右手へ、林の中の踏み跡を辿る。少し進むと、仮三角点として使われたのだろう、十字を切った鋲が残っている。その先からヤブっぽくなり、下り気味になっている。三角点探しが目的ではないので、この朽ちた標柱あたりを「焼山」とすることにした。

子供の頃遊んだ近所の山とよく似ている焼山。樹林歩きが好きで、能登らしい山を静かに歩きたいという人にとって、ちょっと楽しい山だ。

数軒の家が並ぶ菅谷の集落

# 特産品販売 温泉施設 情報

## 特産品 道の駅 すず塩田村

珠洲市清水町1-58-1　☎0768-87-2040
http://www.okunoto-endenmura.jp

| | |
|---|---|
| 営業時間 | 8:30〜17:30(3〜12月)、9:00〜16:00(1〜2月) |
| 休店日 | 無休 |
| 駐車場 | 大型車6台、普通車30台 |
| 主な販売品目 | 奥能登揚げ浜塩 |
| お勧め商品 | 奥能登揚げ浜塩、塩ようかん、しおサイダー |
| アクセス | 輪島方面からは、国道249号曽々木交差点より10キロ。珠洲方面からは、国道249号先端のろしより30分 |

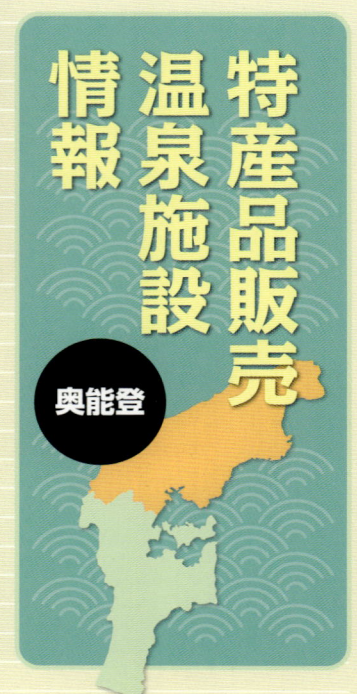

## 特産品 JAグリーンセンターすず

珠洲市飯田町8の部56-2　☎0768-82-2132

| | |
|---|---|
| 営業時間 | 9:00〜18:00 |
| 休店日 | 無休(1〜2月は日曜休業) |
| 駐車場 | 10台 |
| 主な販売品目 | 朝採りの季節の野菜や山菜、キノコ類、地場の野菜や海産物の加工品 |
| お勧め商品 | 山菜(山吹、ワラビ、カタハ、タラの芽、センナ)、キノコ(原木シイタケ、マツタケ、雑ゴケ)、リンゴ |
| アクセス | 8番ラーメン飯田店近く |

## 特産品 あさとり市場

珠洲市正院町正院21部73　JAすずし正院支店
☎0768-82-0409

| | |
|---|---|
| 営業時間 | 8:30〜15:00(6〜11月は火·金曜、3〜5、12月は火曜) |
| 駐車場 | 10台 |
| 主な販売品目 | 農産物、山菜、花、加工品、キノコ |
| アクセス | 国道249号から県道12号に入り、正院で左折 |

珠洲市

温泉施設

## 能登半島鉢ケ崎温泉 すずの湯

珠洲市蛸島町鉢ケ崎36-4　☎0768-82-3726

| | |
|---|---|
| 営業時間 | 11:00～22:00 |
| 定休日 | 火曜 |
| 入浴料 | 大人（中学生以上）1100円、小学生500円、幼児200円（3歳未満は無料） |
| 備品 | 無料／ボディーソープ、リンスインシャンプー<br>貸し出し／タオル、バスタオル |
| 駐車場 | 100台 |
| アクセス | 能越自動車道能登空港ICから車で45分<br>JR金沢駅から特急バスで2時間30分 |

特産品

## 道の駅 すずなり

珠洲市野々江町シ15　☎0768-82-4688
http://www.notohantou.jp

| | |
|---|---|
| 営業時間 | 8:30～18:00<br>（冬季は9:00～17:00） |
| 休店日 | 無休 |
| 駐車場 | 39台 |
| 主な販売品目 | 塩、菓子、新鮮野菜、干物、地酒、珪藻土コンロ、珠洲焼、海藻、米 |
| お勧め商品 | 種類豊富な海藻、塩、能登鰤昆布巻、原木シイタケのと115号 |
| アクセス | 能登有料道路穴水ICから国道249号を能登町方面へ駅西口を直進、珠洲市総合病院近く |

特産品

## 道の駅 狼煙《のろし》

珠洲市狼煙町テ部11番　☎0768-86-2525
http://www.noroshi.co.jp

| | |
|---|---|
| 営業時間 | 8:30～17:00（時季により変更あり） |
| 休店日 | 年末年始 |
| 駐車場 | 112台 |
| 主な販売品目 | 大浜大豆の地豆腐、地元で採れた季節の野菜類、狼煙の住民が作った民芸品等 |
| お勧め商品 | 大浜大豆の地豆腐、おからドーナツ、大浜大豆の豆乳ソフトクリーム |
| アクセス | 禄剛埼灯台登り口のすぐ前 |

特産品

## 浜野水産

珠洲市飯田町12-88-2　☎0768-82-0195
http://okunoto-hamano.fc2-rentalserver.com/

| | |
|---|---|
| 営業時間 | 8:00～17:30 |
| 休店日 | 日曜（8月の第1、2日曜、12月の日曜は営業） |
| 駐車場 | 10台 |
| 主な販売品目 | 種類豊富な一夜干し、巻鰤、煮干、味付けもずく |
| お勧め商品 | イカの一夜干し（海洋深層水、珠洲塩田塩使用） |
| アクセス | 国道249号駅西口を右折、吾妻橋バス停近く |

# 能登町

特産品

## のと愛菜市場

能登町柏木5-240　☎0768-67-1533

| | |
|---|---|
| 営業時間 | 5～11月の土日祝日<br>8:00～17:00 |
| 駐車場 | 10台 |
| 主な販売品目 | 米、農産物、山菜、花、加工品 |
| アクセス | 県道303号を穴水から能登空港を過ぎ、車で3分 |

特産品　温泉施設

## 能登七見健康福祉の郷「なごみ」

能登町七見ツ100番地　☎0768-67-8200
http://noto-tourism.com

| | |
|---|---|
| 営業時間 | 10:00～21:30(閉館22:00) |
| 休店日 | 月曜(祝日の場合は翌日休み) |
| 駐車場 | 100台 |
| 主な販売品目 | 地元の採れたて新鮮野菜 |
| お勧め商品 | 山菜、キャベツ、ブロッコリー |
| アクセス | 能登有料道路穴水ICから国道249号を能登町方面へ25キロ、七見ポケットパークに隣接 |

| | |
|---|---|
| 営業時間 | 10:00～22:00(受け付けは21:30まで) |
| 定休日 | 月曜(祝日の場合は翌日) |
| 入浴料 | 大人(高校生以上)450円、中人(中学生)300円、小人(3歳以上)150円、回数券(12枚綴り4500円)あり(3歳未満は無料) |
| 備品 | 販売／タオル、ボディーソープ、シャンプー、リンス、バスタオル、かみそり、歯ブラシセット、水着、キャップ、ゴーグル<br>貸し出し／バスタオル |
| 駐車場 | 100台 |
| アクセス | 能登有料道路穴水ICから国道249号を能登町方面へ25キロ、七見ポケットパークに隣接 |

## 特産品 内浦ふれあい市場

能登町駒渡☎0768-72-2115

| | |
|---|---|
| 営業時間 | 10:00～17:00 |
| 駐車場 | 100台 |
| 主な販売品目 | 農産物、畜産物(乳製品)、加工品 |
| アクセス | 県道57号駒渡ポケットパーク内 |

## 特産品 JA内浦町直売所 おくのといち

能登町行延260
☎0768-72-2678

| | |
|---|---|
| 営業時間 | 8:30～18:00 |
| 休店日 | 1月1、2、3日 |
| 駐車場 | 20台 |
| 主な販売品目 | 地元産の朝採れ新鮮野菜、農産物加工品、海産物加工品、コシヒカリ、能登ひかり、山菜、キノコ |
| お勧め商品 | 自家製のあん入りもち、種類豊富な能登杜氏の酒、地元産の米、季節限定赤崎いちごソフトクリーム、海洋深層水トマトソフトクリーム |
| アクセス | 国道249号沿い、JASSガソリンスタンド横 |

## 特産品 道の駅 桜峠

能登町当目2-24-24 ☎0768-76-1518
http://www3.luckynet.jp/michinoeki/

| | |
|---|---|
| 営業時間 | 9:00～17:00 |
| 休店日 | 水曜 |
| 駐車場 | 33台 |
| 主な販売品目 | 米、農産物、加工品、畜産物(乳製品) |
| アクセス | 能登空港から珠洲方面へ車で5分、桜峠ポケットパーク内 |

## 温泉施設 縄文真脇温泉

能登町真脇19-39 ☎0768-62-4567

| | |
|---|---|
| 営業時間 | 13:00～21:00 |
| 定休日 | 月曜(年末年始・夏休み期間は無休) |
| 入浴料 | 中学生以上450円、小学生250円、幼児150円(3歳未満無料) |
| 備品 | 無料／ボディーソープ、リンスインシャンプー 貸し出し／ドライヤー |
| 駐車場 | 100台 |
| アクセス | 能越自動車道能登空港ICから車で50分 |

# 穴水町

## 特産品 能登ワインギャラリー

穴水町旭ヶ丘り5番1　☎0768-58-1577

| | |
|---|---|
| 営業時間 | 9:00～17:00 |
| 休店日 | 不定休 |
| 駐車場 | 50台 |
| 主な販売品目 | 農産加工品(ワイン、ジャム)、乳製品 |
| アクセス | 能登有料道路穴水ICから国道249号を能登町方面へ |

## 特産品 根木ぼら待ち市場

穴水町根木ホ165番地　☎0768-52-8222

| | |
|---|---|
| 営業時間 | 9:00～17:00 |
| 休店日 | 木曜、12月30日～1月2日 |
| 駐車場 | 20台 |
| 主な販売品目 | 地物の新鮮野菜、山菜、キノコ、果物、海藻 |
| お勧め商品 | 穴水湾の絹もずく、穴水金時 |
| アクセス | 国道249号根木ポケットパーク内 |

## 特産品 能登おおぞら村（JAおおぞら）

穴水町此木3-33-2　☎0768-52-3810

| | |
|---|---|
| 営業時間 | 9:00～18:00(3～11月)、9:00～17:30(12～2月) |
| 休店日 | 水曜、年末年始 |
| 駐車場 | 10台 |
| 主な販売品目 | 米、農産物、山菜、花、加工品、キノコ |
| アクセス | 能登憂慮道路穴水IC近く |

## 特産品 村の地物市

輪島市深見町大谷内
☎0768-22-8316

| | |
|---|---|
| 営業時間 | 8:00～17:00 |
| 休店日 | 水曜 |
| 駐車場 | 10台 |
| 主な販売品目 | 朝採りの山菜や野菜、海藻、貝類、手作りシフォンケーキ、マドレーヌ |
| お勧め商品 | 店頭に並んでいる商品 |
| アクセス | 国道249号鵠巣公民館から曽々木方面へ300メートル。ピンクの旗が目印 |

## 特産品 曽々木地物市

輪島市町野町曽々木
☎0768-32-0314

| | |
|---|---|
| 営業時間 | 日曜7:30～10:00 |
| 駐車場 | 20台 |
| 主な販売品目 | 米、農産物、水産物、加工品 |
| アクセス | 国道249号曽々木観光案内センター前 |

## 特産品 A STORE WAJIMA

輪島市河井町20-1-131　☎0768-22-7832
http://ringisland.jp/

| | |
|---|---|
| 営業時間 | 10:00～18:00 |
| 休店日 | 水曜 |
| 駐車場 | 20台 |
| 主な販売品目 | 漆器、海産物、地酒、菓子、米、塩、和紙 |
| お勧め商品 | 五蔵六酒セット(市内5酒蔵のお酒)、いしる干し |
| アクセス | 旧輪島駅ふらっと訪夢(ほうむ)内 |

## 温泉施設 天然ラドン温泉 門前じんのびの湯

輪島市門前町千代ハ4-2　☎0768-42-2100
http://www12.ocn.ne.jp/~view-sun

| | |
|---|---|
| 営業時間 | 11:00～21:00(水曜は17:00～) |
| 定休日 | 無休 |
| 入浴料 | 大人500円、70歳以上450円、小学生300円、幼児200円 |
| 備品 | 無料／ボディーソープ、リンスインシャンプー、ドライヤー<br>販売／タオル、かみそり、歯ブラシ　貸し出し／バスタオル |
| 駐車場 | 30台 |
| アクセス | 能登有料道路穴水ICから車で30分<br>JR金沢駅からバスで2時間、徒歩6分 |

## 特産品 まいわぁー直売所

輪島市三井町洲衛　☎0768-26-1353

| | |
|---|---|
| 営業時間 | 5～11月の水·日曜、15:00～17:30<br>(水曜)、8:00～11:00(日曜) |
| 駐車場 | 8台 |
| 主な販売品目 | 農産物、山菜、花、キノコ、山草 |
| アクセス | 穴水道路能登空港IC近く |

## 特産品 輪島市本町商店街振興組合 輪島市朝市組合

輪島市河井町2-40-1　☎0768-22-8446
http://wajimacity.jp/

| | |
|---|---|
| 営業時間 | 9:00～17:00 |
| 休店日 | 第2、4水曜、1月1日～3日 |
| 駐車場 | 大型車25台、普通車600台 |
| 主な販売品目 | 漆器、雑貨、衣類、お土産、酒類 |
| アクセス | 能登有料道路穴水ICより約30分 |

輪島市

うっそうとした森の中を歩く

# 8 高爪山《たかつめやま》

## 義経、利家が安全を祈願 山頂に落書きで埋まる神社

標高 341m

参考コースの所要時間 約1時間5分

　7月上旬、志賀町の富来にある高《たか》爪山《つめやま》に出掛けた。「能登富士」と呼ばれるこの山の上には、7世紀の末には持統《じとう》天皇の祈願所となった奥殿があり、また源義経《みなもとのよしつね》や前田利家《としいえ》など、歴史的人物が深くかかわる由緒正しい山なのだ。

　そうは言いながら、俗物の興味は別にあった。ひとつは能登の山にあって、たとえ40分とはいえ、歩かないと登れない数少ない山であること、もうひとつは、山頂の奥殿にある大量の落書きを見てみたいということだった。

　富来にさしかかると、まず左手に「世界一長いベンチ」の案内が現れる。が、あまり深く考えるのはよして大福寺へと向かう。

# 高爪山

参考コース　スタート 登山口（車止め）▶40分▶高爪山頂▶25分▶登山口（車止め）

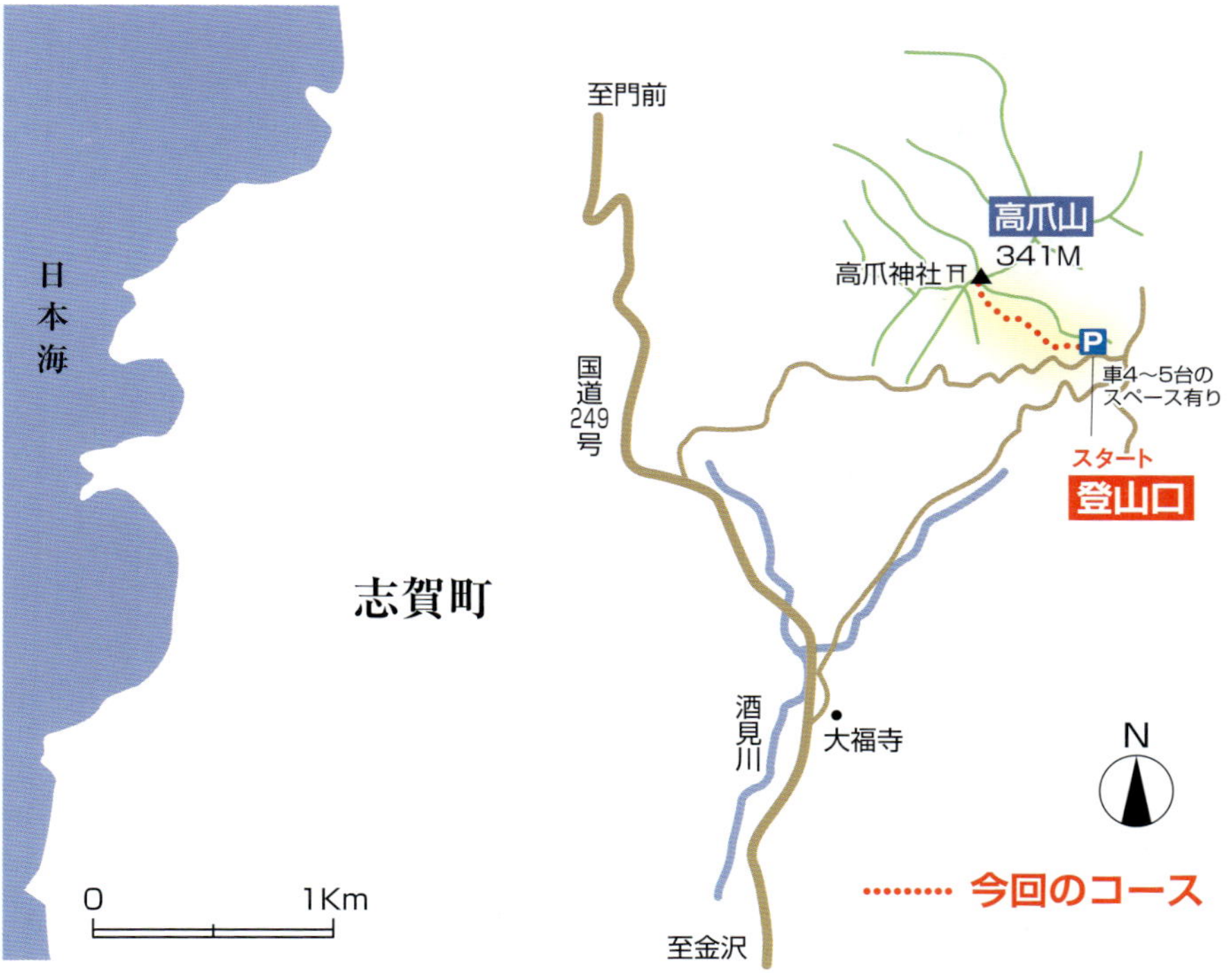


## ■おすすめの季節

シーズンを通していつでも楽しめる。特に、スミレの咲き誇る春から雪が降る直前の11月ごろまでがおすすめ。

## ■アクセス

金沢市街からは、能登有料道路西山ICから県道116号を経て国道249号で富来方面へ。富来の中心部を過ぎ、峠を一つ越え、大福寺集落に入ったら、右手に簡易郵便局が現れる。「高爪山登山道」の案内看板から林道に入ることができる。

## ■アドバイス

案内看板から林道に入った場合は、途中の案内板にしたがって左に鋭角に曲がると高爪林道と合流できる。登山口の前には車が数台置ける広場がある。下草が刈られていないことも想定して、朝露で濡れているときはスパッツの準備が必要。トイレはない。

## ■お問い合わせ

志賀町役場商工観光課 ☎0767-32-9341
●国土地理院地形図　2万5千分の1地形図「剣地」

高爪山の登山口

高爪神社の離れ鳥居は大福寺の集落にある

## 能登の人々に愛される山

峠を越して右へカーブすると、大福寺の集落にさしかかる。正面には高爪山が迫る。高爪神社の離れ鳥居は、ちょうど右カーブを終えた、直線道路の右手だ。鳥居の脇から林道をしばらく走ると、左への分岐があって、高爪山の案内がある。登山口はそこからすぐだ。

登山口に足を踏み入れるとすぐに、野イチゴが真っ赤に熟《う》れている。少し進むと、右手にサワギクが黄色い花をつけているのが目にとまる。傾斜が出てくると、竹やぶのトンネルをくぐるようにして、ひと登りで水平道になる。

野鳥が鳴いている。ジー、ジー、とかヒョー、とか、ピーッとか、3〜4種類の鳥たちがあちこちから挑戦してくるが、皆目見当がつかない。そのうち、鳥の方がしびれを切らしたのか、目の前をヒューッと飛び交い始めた。

ここから先は、少々朽ちた丸太の階段の上りとなる。能登特有のタブノキの巨木、そしてヤブニッケイなど常緑樹に包まれた、うっそうとした急登が続く。「暗いですね」と言い終わらないうちに雨音がし始めた。

「ウッソー、昼からは20パーセントって出てたのに」と抗議する。とは言っても樹林の中、雨に濡《ぬ》れる心配はほとんどない。

　傾斜がひときわ急になったところで注意しながら上ると、樹林の先にポッカリ開いたトンネルの出口のような空間が現れて、高爪神社本殿がある山頂に飛び出した。

ガイドブックを手に野鳥観察

## 山頂にある数々の落書き

　さっそく本殿を一周しながら落書き探しを始める。「今度くる時もオマエのことを好きでいるかナ」という落書きにドキッとしたが、すぐ下を見たら「たっせい!2000、12・29」とあった。一同ホッと胸をなでおろし

タブノキ

本殿には、いたるところに落書きがある

「能登富士」とも呼ばれる高爪山

サワギク

アザミ

たところで本殿の中に入る。あるある、というかスゴイというか、古いものは大正9年、板張りの内装が落書きによって強度を保っている、そんな状況なのだ。「しかし、これ罰《ばち》が当たらないんでしょうか」「だけどこの××さんていう人の名前、随分多いと思いません」と言う。どれどれと探したら、あるある、ほとんど毎年のように落書きにきている事実を発見。この落書きは、参拝者と、高爪神社の神様との友好関係を表しているような気がしてきた。

境内に腰掛けて一息入れていたら、雨脚がさらに激しくなってきた。時計は午後の1時半。「海鮮料理なんていいですね」とポツリと口走ると、全員急に目が輝き始め、イッキに下山。網元が経営している「車座」へと走り、朝捕れ地物の海鮮丼に舌鼓を打つと、濡れネズミのまま「志賀町とぎ温泉センター」へ直行。

## 増穂浦《ますほがうら》で桜貝拾い

湯につかり過ぎてのぼせ気味になったところで、「それじゃあ桜貝拾

最後の上り坂を登る。頂上はすぐそこだ

世界一長いベンチ。長さは460.9メートルもある

いに行きましょう」となるが、目と鼻の先にある増穂浦《ますほがうら》の海は、風が強くコバルトブルーとは似ても似つかない泥褐色の波を打ち上げている。あるある、しかし随分と大きい。増穂浦の桜貝はまるごと親指ほどの大きさなのだ。

　体のほてりもおさまったら、仕上げは４６０・９メートルあるという世界一長いベンチの見物だ。そのベンチのすぐ後ろには「岸壁の母」のモデル、端野せいさんの碑。耳元を「桜貝の唄」と「岸壁の母」のメロディーが、潮風に乗って流れて行った。

桜貝を手にご機嫌の寺崎さん

なだらかな
アカマツ林
の中を歩く

# 9

# 別所岳《べっしょだけ》

## 青い七尾湾に真っ白な立山
## 見晴らしの良さにうっとり

標高 358m

参考コースの所要時間
約1時間25分

### アンテナ群ある見慣れた山

「別所岳《べっしょだけ》いいですよ」と聞いて、金沢から能登有料道路で穴水の方へ向かった。別所岳サービスエリアが近づくと、前方に小さな山が見えてきた。左隣にアンテナ群がある見慣れた山だ。サービスエリアを過ぎた少し先でUターンして、上りサービスエリアに車を止める。スタートは、駐車場の北側にある、ログハウス風のトイレのそばからだ。

「展望台」の古い案内標識から、人が行き来しているとは思えないカヤが茂った遊歩道を辿《たど》ると、すぐにT字路にぶつかった。まず右手の展望台まで歩いてみる。5分ほど歩いたところにある展望台広場は、周囲が樹林に囲まれていて、展望ゼロだ。下りサービスエリアにスカイデッキ「能登

# 別所岳

**参考コース** スタート 別所岳上りサービスエリア駐車場 ▶20分▶ ミニ森林公園 分岐 ▶20分▶ 山頂への分岐 ▶10分▶ 別所岳 ▶35分▶ 別所岳上りサービスエリア駐車場

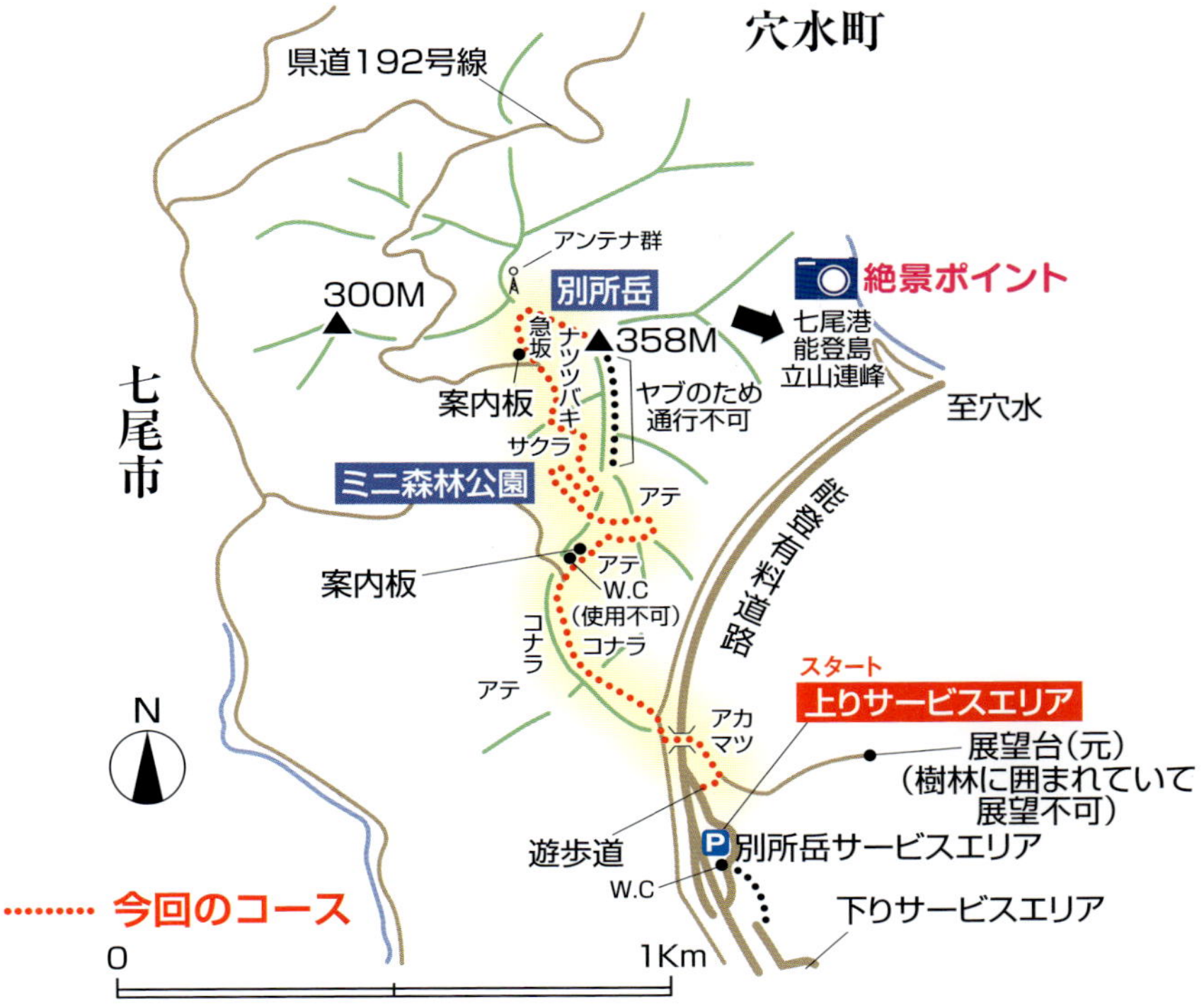


## ■おすすめの季節

好天なら一年楽しめるが、立山連峰の眺めが良い早春から桜が咲く4月がなんといってもいい。

## ■アクセス

能登有料道路で別所岳の上りサービスエリアへ。下りサービスエリアからも歩くことができる。

## ■アドバイス

七尾湾から立山連峰一帯の見晴らしが良いところなので、よく晴れて空気が澄み切った日に出かけるのがベスト。車道歩きなので、特に注意するところはない。途中にあるトイレは、現在使用禁止となっている。

## ■お問い合わせ

七尾市役所観光交流課 ☎0767-53-8424

●国土地理院地形図　2万5千分の1地形図「下唐川」

旧展望台への遊歩道からスタート

ゆめてらす」という人工の展望台ができたので、この自然展望台は用無しになったみたいだ。

有料道路を横断する高架橋を渡る

## 車道歩きはつきもの

　元のT字路に戻って、アカマツ林の中の道を少し進むと、有料道路の上を横断するために架けられた橋が現れる。別所岳を間近に見ながら、この橋を渡り、車道にぶつかったら右へ。すぐに有料道路沿いの道と別れて、左へカーブしながら上ると、コナラの林の中にさしかかった。車道が網の目のように張り巡らされている能登の山歩きでは、車道歩きはつきものだ。ヒサカキやヤブツバキなど常緑樹に彩られた道は、日陰の所々に雪を残して続いている。

道端はフキノトウ一色

　アカマツが数本並ぶ林地を過ぎ、大きく右にカーブすると、ゆるやかな下りになる。やがて左手のミニ森林公園からの道が合流する。食べ頃のフキノトウが、広くなった道端一面を黄緑色で覆っていた。青く澄み渡る空に向かってアテの木が伸びている。そのすぐ先に大きな案内板があって、隣に使用禁止のトイレがある。この森林公園も、あまり人が訪れないところのようだ。

　記録的な強風をもたらした前線通過のせいだろう、枯れ枝や枯葉、木《き》

別所岳・上りサービスエリアから見る別所岳

屑《くず》などが散乱した道路を、ポカポカ陽気に気を良くしながら進むと、右へ急カーブし、さらに左への急カーブにさしかかった。このカーブから山頂へと続く踏み跡から上ろうと思っていたが、すっかりヤブになっていて、とても辿れる状態ではない。仕方なく

アンテナ群を振り返る

そのまま車道を歩くことにする。

## 丘陵地が広がる

その先で、道の左手が明るく開けて、七尾市（旧中島町）一帯の丘陵地がどこまでも広がって見える。その先に続く桜並木を過ぎると、山頂への分岐にさしかかった。ここから道は急坂になる。ナツツバキ混じりの木々の中をひと上りすると、アンテナ群がある高台に続く道が左から合流する。ちょっとした広場の北東の方向が刈り払われていて、珠洲方面に続く丘陵が見渡せる。

## 立山連峰を見渡す

そこから山頂へは、さらに急坂になる。アンテナ群を振り返りながら足を動かしていると、うっすらと汗がにじみ始め、前方の上の方に山頂の標識が見えてくる。続いてなにやら白い帯のようなものが、標識の向こうに見えてきた。それが立山連峰だと気づくのには、数秒とかからなかった。「おっ」と、胸を躍らせながら広い山頂に駆け上がると、今度は七尾湾や能登島が目に飛び込んできた。

七尾湾の向こうに立山連峰が見える

# 別所岳

青く凪ぐ七尾湾を半ば占拠する能登島とそこに架かる大橋、その向こうの富山湾を隔てて、雪を戴いて真っ白に輝く立山連峰。この見晴らしには脱帽だ。思わぬプレゼントをもらった時のように、素直にうれしくなった。

山頂はとても広い

立山連峰を背に七尾湾を占拠する能登島

眼下に七尾湾を見渡せる

10

# 虫《むし》ケ《が》峰《みね》

## 「町屋の御前」と親しまれ故郷感じる山岳信仰の霊山

標高 295.9m

参考コースの所要時間
約1時間55分

虫ケ峰《むしがみね》は、近在の人たちからは「町屋の御前」と親しまれていた山だという。古くから山岳信仰の霊山としてあがめられてきたとも伝わる山だ。雲見山《くもみやま》とか鉈打山《なたうちやま》とも呼ばれ、麓にある藤津比古神社も、かつてはこの山の上にあったのだそうだ。

### 畑では畝起こし

ずいぶん前のこと、町屋から虫ケ峰まで歩こうとしたところ、残雪が多くて道がわからなくなり引き返したことがあった。再挑戦をと向かったら、今度はアプローチの林道が工事中で立ち入れない。そこで富来中島線をさらに辿《たど》って、大平の集落から林道を歩くことにした。

集落の突き当たりの少し手前に、林道虫ケ峰線の案内板が立っている。そこから左手の方へ、きれいに舗装さ

大平の集落

れた道が延びている。道幅が少し広くなったところに車を置かせてもらい、これなら道に迷うこともないと安心して歩き始める。すぐに農作業用の小屋の脇にさしかかる。すぐそばの畑では、畝起こしが始まっていた。

## 風車が姿見せる

几帳面《きちょうめん》すぎるほど見事に枝打ちされた杉木立が、林道の両脇に続き、林床一帯をチマキザサが埋め尽くし

スタートは林道虫ケ峰線終点から

ている。みずみずしいフキノトウが顔を出しているのを目で追いながら、しばらく平坦な舗装道を進むと、少しずつ傾斜が出てきて、やがてS字カーブになった急坂の上りとなる。2度目のS字カーブにさしかかったところにカーブミラーがある。その急カーブ

**参考コース**　スタート 大平集落・林道虫ケ峰線入り口 ▶1時間▶ 虫ケ峰 ▶10分▶ 虫ケ峰白山神社 ▶45分▶ 大平集落

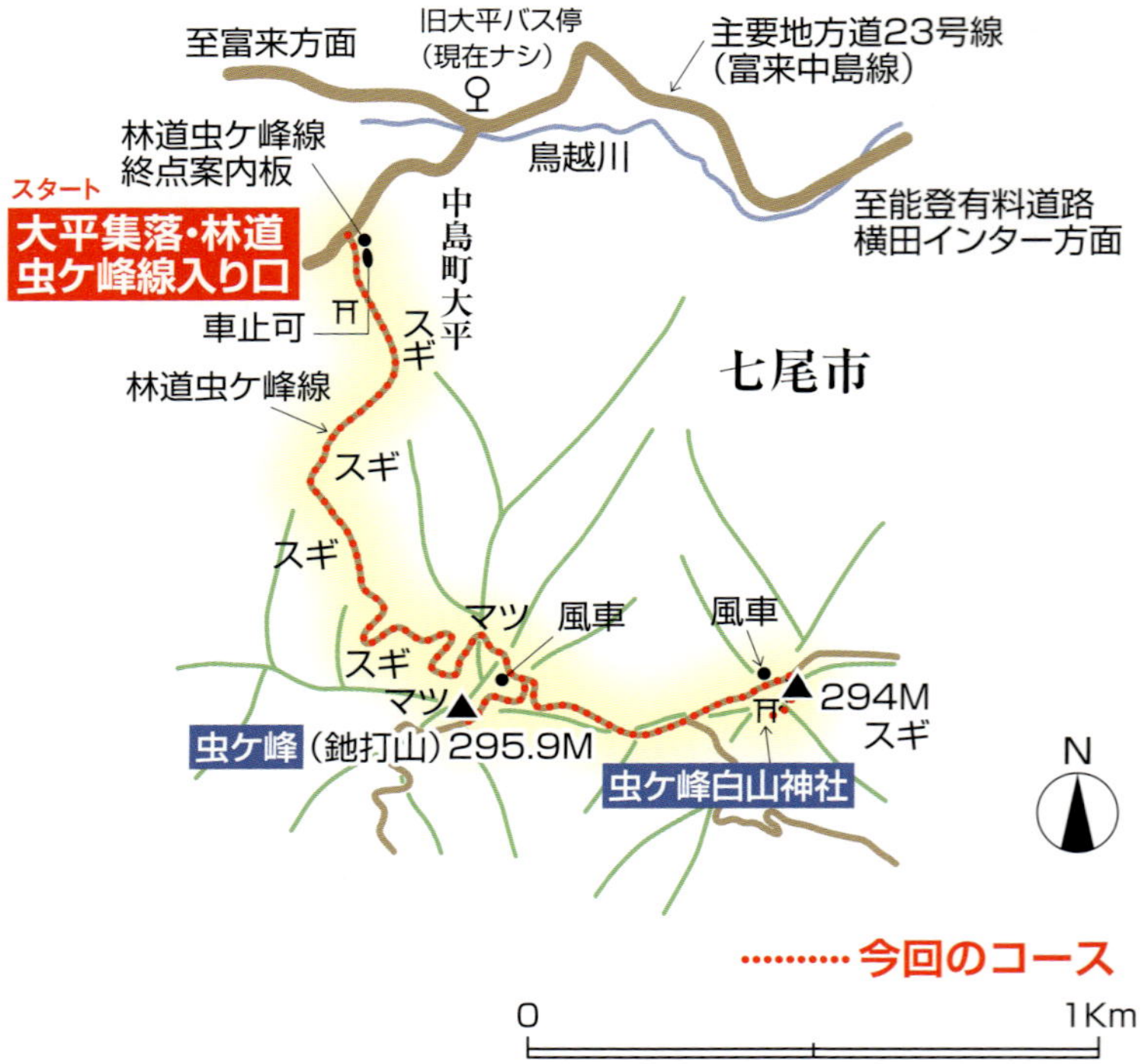


## ■おすすめの季節

フキノトウが顔を出す4月から11月まで、盛夏を除けばいつでも歩ける。

## ■アクセス

能登有料道路の横田インターから主要地方道23号線（富来・中島線）で富来方面に向かい、林道町屋線入り口を過ぎしばらく上ったところ（旧大平バス停）を左折して大平の集落に向かう。集落の突き当たり手前から、林道虫ケ峰線が左へ延びている。

## ■アドバイス

車は、林道入り口の広くなったところに止めさせてもらうとよい。

林道歩きなので、特に危険なところはない。

## ■お問い合わせ

七尾市役所観光交流課 ✆0767-53-8424

●国土地理院地形図　2万5千分の1地形図「中島」

フキノトウ

見事に枝打ちされた杉林を行く

を上ると、前方の杉林の上に、風車が姿を現した。やがて傾斜が緩くなり、広く整地された風車タワーの下に出た。

ここで東の峰へと続く道と、さらに上に向かう道の二手に分かれる。まずは道なりに、虫ケ峰の最高地点（鈍打山）へと向かう。松の枝が途切れたところから眼下に目をやると、七尾湾がうっすらと見える。そこから見える風車は6基、うち2基はローター（羽）が折れていて稼働していないようだ。ピークへは車道の一番高いところから這《は》い上がり、松の木に囲まれたあたりに三角点が埋められていると聞いていたので、「このあたりだな」と車道から見上げて見当をつける。

## 七尾と志賀の分水嶺

分岐に引き返し、東に見えるこんもりとした頂に向かう。舗装道を大きく下って上り返すと、再び風力発電機のタワーの下の広場に出た。ここから社がある頂へ、杉林の中のよく踏まれた道を辿る。しかし、この日初めての山道歩きは、ほんの1、2分で終わり、あっけなく社がある広い草地に出た。すぐそばに大きな説明板がある。それによると、虫ケ峰（295・9メートル）は七尾市と志賀町（旧富来町）の分水嶺になっているとある。都会に出た人たちが帰省すると、この山を見て「故郷に帰ったなあ」と胸を打たれるのだとも書かれている。

前方に風車が見えてくると山頂は近い

山頂付近から社があるピークは間近だ

風力発電の風車が並ぶ虫ケ峰

ひと歩きで広い社の前に出る

## 発電基地の役割担う

風力発電のための林道が作られたことで、修験者の修行や山歩きの対象としての役目は終えたようだが、今急速に脚光を浴びている再生可能エネルギー利用の発電基地として、虫ケ峰が新たな役割を担おうとしているように伺える。広場に下りると、ローターが唸りをあげて回っていた。

11

# 伊《い》掛《かけ》山《やま》

どっしりとした伊影山神社の大イチョウ

## 富山湾、七尾南湾を一望
## 石川県一の大イチョウも

標高 252.3m

参考コースの所要時間
約1時間15分

3月下旬のある日、定置網によるブリ漁の番組を見て、仕掛け発祥《はっしょう》の地が富山湾だと知り、急に富山湾が見たくなった。地図を眺めていたら、灘浦《なだうら》の近くに伊掛山《いかけやま》というのがあるのを見つけた。天気がよければ立山連峰が眺められるとある。しかもこの山の中腹にある伊影山《いかげやま》神社には、石川県で一番大きなイチョウの木もあるのだ。何より、ブリの刺し身とか、焼きガキなんかに巡り合えるチャンスだ。そんな下心を抱いてさっそく車を飛ばす。

### 登り口の百海《どうみ》を目指す

七尾湾に沿って七尾の市街地を抜ける。崎山《さきやま》半島にさしかかったところで右折して、小さく峠越えをすると、すぐ海にぶつかる。海はもちろん富山湾。海岸は灘浦海岸で、百海《どうみ》と

# 伊掛山

**参考コース**

［登り］スタート 百海（登山口）▶30分▶伊影山神社▶20分▶伊掛山山頂

［下り］伊掛山山頂▶10分▶伊影山神社▶15分▶登山口

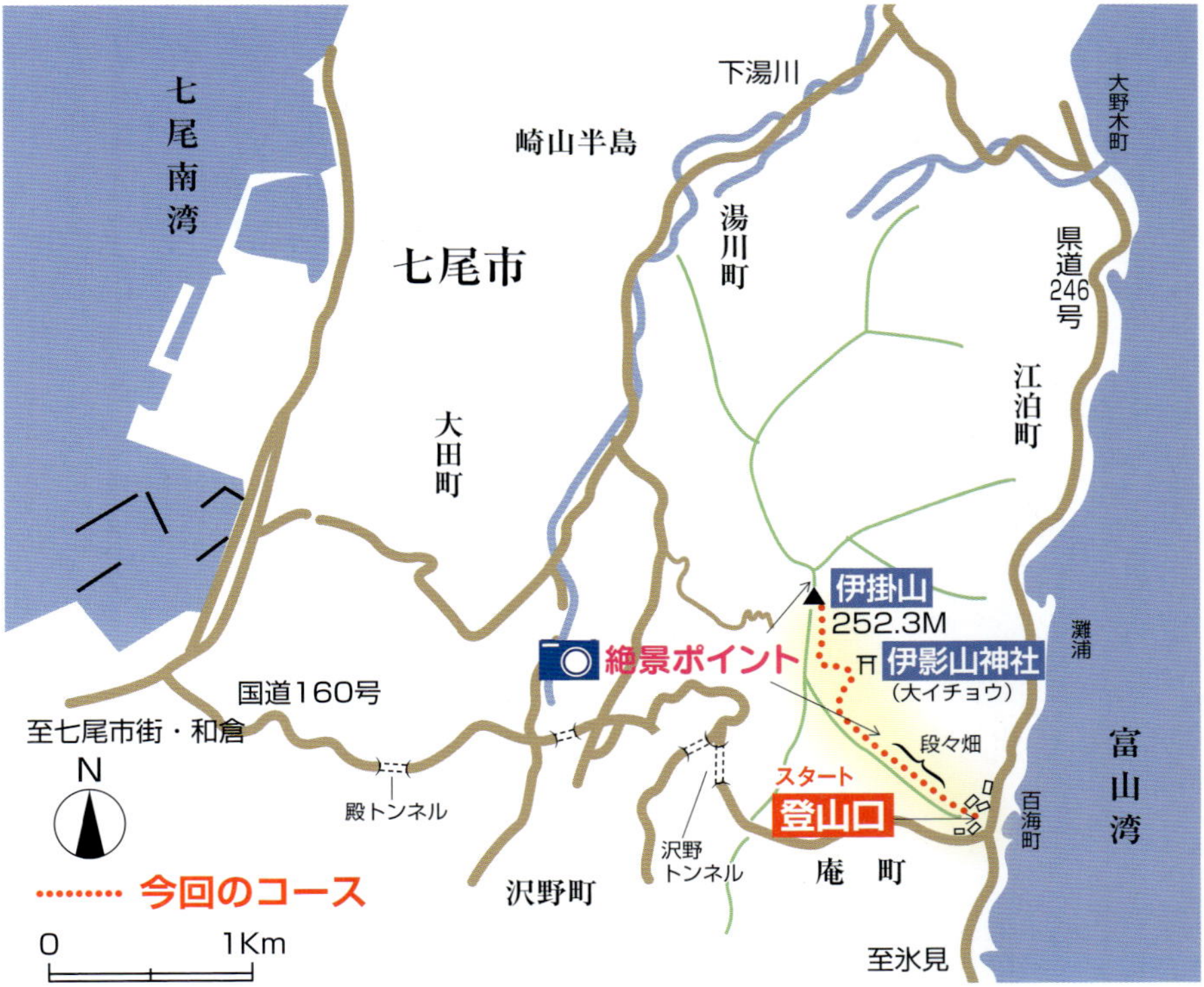


## ■おすすめの季節

梅、菜の花、ヤブツバキなどが咲きにおう春、大イチョウが黄葉する秋がおすすめ。

## ■アクセス

金沢市街からは、能登有料道路・能越自動車道高田IC下車、国道249号・160号で灘浦方面へ。富山湾岸に出たら左折。すぐに「百海」バス停が現れる。すぐそばの商店脇の広場に車を置かせてもらい、案内板の右手から歩き始める。

## ■アドバイス

車はもう少し上れるが、狭い農道なので止めないように。駐車の際は、商店の方に一声かけて迷惑がかからないようにしたい。トイレ、水場はなし。

## ■お問い合わせ

七尾市役所観光交流課 ☎0767-53-8424

●国土地理院地形図　2万5千分の1地形図「庵」

富山湾をバックに、のどかな春の風景が広がる

いう町にめざす伊掛山の登り口がある。

県道を少し北にたどると、すぐに登山口の案内板が現れる。その先の商店の前に車を止めさせてもらい、人家の軒先を縫って延びる農道をたどると、段々畑が続く山腹に出た。

手押しの小型耕運機を器用に使い、畝《うね》を起こしているおばあちゃんに出会う。見ていると、あれよあれよという間に、一畝《ひとせ》ほどの畑が掘り起こされた。その右手の畑の隅には、梅が見事に咲き誇っている。よそ様の畑の中だが、あまりにいい匂《にお》いなので、ちょっと失礼して梅見とする。まわりには菜の花畑も広がっている。

農道に戻り10歩ほど上ると、上の段の畑にさしかかる。そこで畑仕事をしている2人のおばあちゃんと大声で挨拶《あいさつ》を交わす。足元には、青紫の小さな花をつけたオオイヌノフグリ、土手にはツクシが顔を出している。振り返ると灘浦の海。そして、定置網。これはもう、まちがいなく「日本の春」だ。一番上の段々畑で働くおばあちゃんに、地図を広げて白鳥《しらとり》町からの道の様子を尋ねると、「ああ、あそこは通れんよ」と教えてくれる。そして「立山がよう見えた次の日は天気が悪うなるな」とも。そういえば、立山は春霞《はるがすみ》の中。ということは、天気は崩れないということだ。

## 坂道の途中の大イチョウ

杉林を抜けると傾斜がグンときつくなる。案内板に「心臓破りの坂」と書かれていたのは、もっと先のほうだったが、早くも息が荒くなる。舗装が切れて山道が始まると、ヤブツバキの群生地にさしかかる。伊影山神社はそこからまもなくだ。白いミヤマカタバミを踏まないように鳥居をくぐると、樹林からこぼれた日差しを受けて、暖かそうにしている。

左手にある大イチョウに目をやる。幹回り10・8メートル、高さ27メートル、巨木というより超古木だ。灘浦の漁師たちは、他のイチョウよりも遅いこのイチョウの黄葉《こうよう》を見てブリ漁の定置網を仕掛けたのだという。

白い実をつけたヤブニッケイと、赤い実をつけたヒメアオキが現れると、いよいよ心臓破りの急階段が始まる。覚悟して、かなり朽ちている丸太の階段に足を運ぶと、思ったより簡単に上りきる。雑木の中のゆるやかな

ツクシが顔を出した春の野を行く

「心臓破りの階段」を登る

尾根道をたどると、今度はピンクのショウジョウバカマが顔を出している。杉林を抜けて右にカーブ、ヤブツバキの中をいったん鞍部《あんぶ》に下ると、最後の上りに入った。そしてすぐ、木々の向

ミヤマカタバミ

オオイヌノフグリ

こうにあずまやが見えてきた。

## 七尾湾・能登島を望む

山頂は、このあずまやから左へほんの少し上ったところにある。西側が

ショウジョウバカマ

菜の花

刈り払われていて、七尾南湾から能登島一帯が見える。風がちょっと冷たいので、あずまやの先の日だまりで、ニギリメシとカップラーメンを腹に詰め込む。下りは早い。あっという間

ヤブツバキ

に段々畑に出て、昼食を終えて畑仕事に出て来たおばあちゃんに出会い、挨拶すると、待っていてくれたようにカキモチを差し出す。オーブンで焼いてきたのだという。

ほんのり甘くて香ばしいカキモチを、バリバリとほお張りながら、下心に忠実に七尾港へと車を向ける。目指すのはもちろん、能登食祭市場だ。能登生鮮市場と銘打つ売り場はとにかく活気に満ちている。もちろん、高価なクチコは眺めるだけにして、浜焼きコーナーで念願の焼きガキに舌鼓を打った。

伊影山神社で休息

山頂から七尾南湾、能登島を望む

苔蒸した石畳は滑りやすく、慎重に進む

# 12

# 赤蔵山《あかくらやま》

## 「下に能登湾ひとながめ」野口雨情《のぐちうじょう》が詠じた展望

標高 179m

参考コースの所要時間
約1時間45分

七尾市の旧田鶴浜町域に、「赤蔵《あかくら》山《やま》」という数多くの史跡が残る山がある。かつて神社・仏閣のある神聖な場所（霊場）として栄えたところで、その起源は飛鳥時代あたりまでさかのぼるという。つまり一帯はいわば「日本文化遺産」の山なのだ。

### 鳥居や仁王門に神仏混交の名残り

発作的に文化に触れたくなったところで、寺崎春香さんらいつものメンバーを誘って田鶴浜へ。役所で「赤蔵山テクテクマップ」をもらい、なにはともあれ赤蔵神社を目指す。

スタートは石造りの鳥居からだ。モミジのトンネルを抜けると、いきなりうっそうとした樹林帯にさしかかる。モミとスギの高木がひしめきあって日差しをさえぎる。ひんやりとし

# 赤蔵山

**参考コース**　スタート 駐車場・鳥居 ▶5分▶ 仁王門 ▶25分▶ 本殿 ▶35分▶ 赤蔵山 ▶25分▶ 御手洗池 ▶10分▶ 栄春院 ▶5分▶ 駐車場

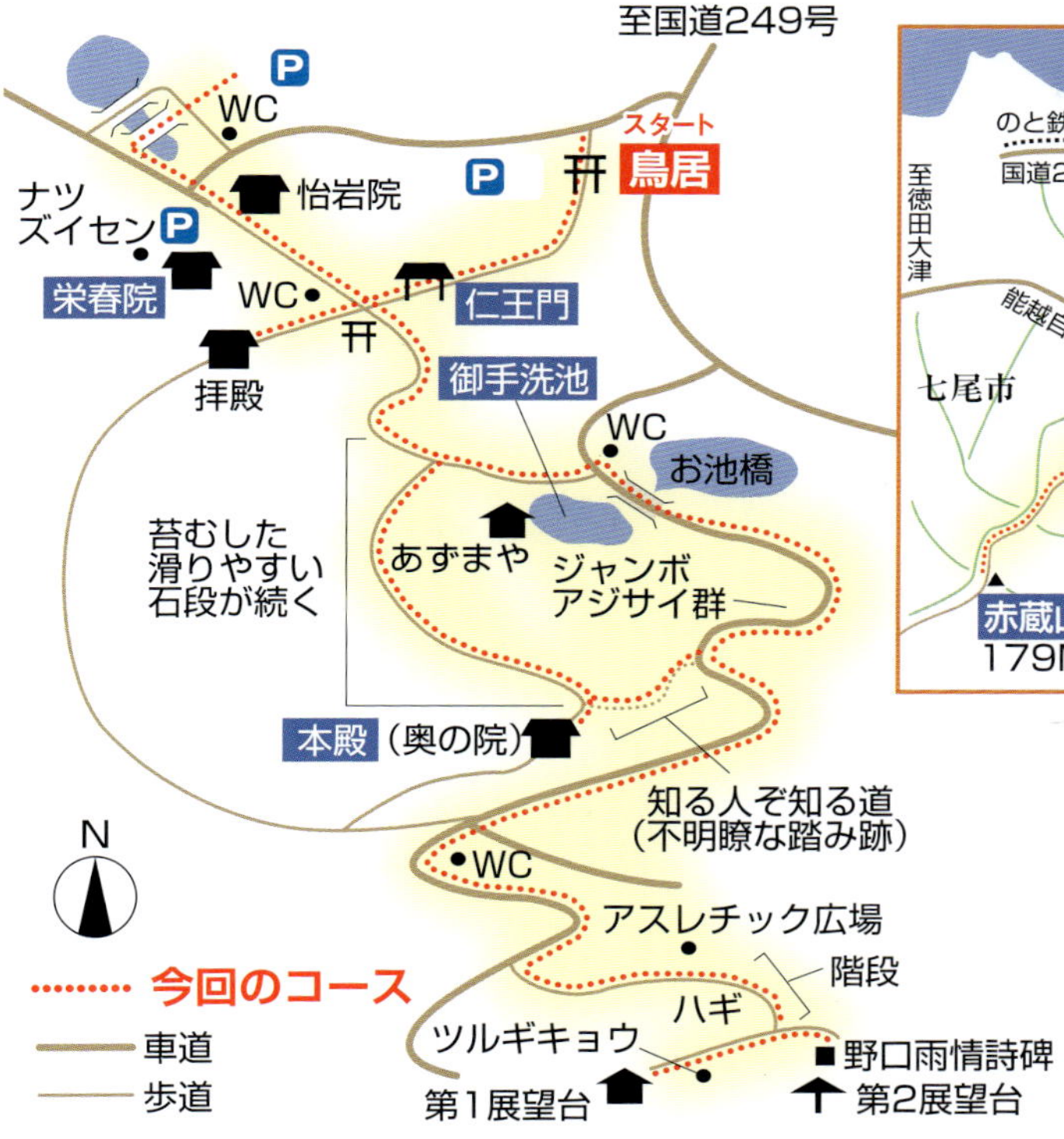

## ■おすすめの季節

降雪の具合にもよるが、低い山なので一年中楽しめる。

## ■アクセス

国道249号線の三引口《みびきぐち》バス停から道標に従って南西に延びる道路をたどり、能越自動車道をくぐった先に鳥居と駐車場が現れる。

## ■アドバイス

人気の史跡ということで、案内標識はもちろん、トイレ、水場はいたるところにある。石畳の階段は苔むしていて滑りやすいので注意が必要。

## ■お問い合わせ

七尾市役所観光交流課 ☎0767-53-8424

●国土地理院地形図　2万5千分の1地形図「能登高浜」「七尾」

仁王門の脇を固める力士像（左）と金剛像

た空気が流れ始めると、すぐに仁王門《におうもん》が現れる。神社の門である鳥居をくぐったら、今度はお寺の伽藍《がらん》を守る仁王門。つまりこの霊場は、奈良時代から幕末まで続いた本地《ほんじ》垂迹説《すいじゃくせつ》（仏・菩薩《ぼさつ》が人々を救うために仮の姿をとって現れたのが神であるという考え）に基づく神仏《しんぶつ》混交《こんこう》の名残豊かな山なのだ。

「仁王さんって、阿吽《あうん》になっているんですよね」と、突然難しい話を持ち出す寺崎さん。口を開いた方が阿形《あがた》（金剛像）で、口を閉じた方が吽形《うんがた》（力士像）なのだという。「へえーっ」とのぞいてみたら、寺崎さんの言う通り。ただ、ここの仁王さんは大陸的といえばいいのだろうか、あまり怖い顔をしていない。

仁王門をくぐると、田鶴浜大句会の句碑が目にとまる。「蝉《せみ》涼し戦名残をしのぶ池」とある。かつては120を数える宿坊《しゅくぼう》（修行僧や参拝者が寝泊まりしたところ）があったこの山が、上杉謙信に攻められて焼き払われた、そんな歴史的出来事に思いを馳《は》せながら詠んだのだろう。苔《こけ》蒸した石畳に立っていると、山全体が蝉の声に包まれているのに、シーンとしているから不思議だ。

拝殿にさしかかったところで、左手の石段を上って本殿（奥の院）へと向かう。赤い鳥居をくぐって、ジメジメして滑りやすい石畳を緩やかに上って行く。

ハギ

仁王門をくぐり、拝殿へと向かう

ツルギキョウ

顔よりも大きいジャンボアジサイにびっくり

ナツズイセン

「そういえば、拝殿のそばに〝見ざる、聞かざる、言わざる〟の石猿があるって出てますよ」と、山岸カメラマン。マップをのぞき見していたようだ。が、遺産に圧倒されていてうっかり忘れた私。「見なかったことにしましょう」と、先を急ぐ。

## 本殿のたたずまいに 思わず合掌

最初の分岐を案内に沿って右に曲がり、急な石段を本殿へと向かう。気が遠くなるような歳月を風雨にさらされていたからか、苔に覆われた石段は滑りやすく、何度も冷や汗をかく。石段を上り終え、ホッと一息つくと、右へ「く」の字に、本殿への最後の上りが続いている。みんな石段を避けて、脇の斜面に足を運んでいる。

本殿まではすぐ。この建物は400年ほど前に再建されたもので、切り開かれた木立の中にひっそりと建っている姿に、思わず合掌してしまう。「ところで赤蔵山はどのへんですか」と聞かれて、慌ててテクテクマップを開いて方角を確認していたら、「知る人ぞ知る近道」という案内が目に飛び込んできた。「これ、行きましょう」と、階段を下りながらキョロキョロとそれらしいところを探していたら、元の「く」の字まで下りたところで近道を発見。あまり人が通らないようで、不明瞭な踏み跡だが、我々《われわれ》の目はごまかせない。ほんの10メートルほどたどると、開けた車道に出た。

　車道をしばらく進むと、アスレチック広場にさしかかる。ここから展望台までは、もうひと上り。秋を告げるハギの花に出迎えられると、今度は野口《のぐち》雨情《うじょう》の詩碑が現れた。「十五夜お月さん」とか「赤い靴」など、多くの童謡を作った大正時代の詩人で、昭和9年に田鶴浜を訪れ、「朝にゆうべに赤蔵山は　下に能登湾ひとながめ」と謡ったとある。

　碑のすぐ上は見晴らしのいい第2展望台だ。田鶴浜の町並み、そして七尾西湾から能登島までぐるりと見渡せる。せっかくだからと、すぐそばにある第1展望台に足を運ぶ。山の斜面に、自然薯《じねんじょ》のツルに花をつけたような珍しいツルギキョウが咲いている。

## 日本名水１００選　御手洗《みたらし》池《いけ》の清水もある

　この一帯は「赤蔵山いこいの森」と呼ばれていて、その大きな目玉は麓《ふもと》にある日本名水１００選・御手洗《みたらし》池《いけ》だ。さっそくもと来た車道を下ると、バレーボール大のジャンボアジサイが顔を出す。「ウッソー」と顔をくっつけて比べる寺崎さん。

第2展望台からの眺望。七尾湾に浮かぶ能登島が眼下に見える

朱塗りのお池橋にさしかかると、左手下方の杉木立の中に御手洗池が見えてくる。池に下りる道端には「石川の森林50選」の立て札もある。池の吐き出しに手を入れてみる。透明度の高い水はとても冷たい。池の起源は赤蔵神社の起源までさかのぼるという。一帯はもちろんうっそうとした杉木立だ。フーッとため息が出る。文化に触れるというのは疲れるものだ。

気を取り直して、明治政府による廃仏毀釈運動《はいぶつきしゃくうんどう》（神仏分離令によって行われた仏像・仏具などの破壊、焼却）の暴挙からかろうじて逃れた真言宗の宿坊・栄春院へと向かう。朽ちかけた坊の裏にナツズイセンが咲き誇っている。

文化に接した後は、もちろんいつものパターンだ。出発前に教わっておいたおいしいと評判の手打ちうどん屋「どんどん」で空腹を満たすと、一同、阿吽の呼吸で和倉温泉へと向かった。

朱塗りのお池橋を渡り、御手洗池へ

御手洗池の水をすくう寺崎さん

宿坊跡で休憩をとる

階段や石垣が
難攻不落の地形を
うかがわせる

**13**

# 七《なな》尾《お》城《じょう》山《やま》

## 「古城」の歌にさそわれて 難攻不落の山城に挑戦

標高 310m

参考コースの所要時間
約2時間

七尾城山《ななおじょうやま》を歩いてこようとなった。同行してくれたのは、小学生の時に獅子吼《ししく》高原に登ったことがあるという加藤美帆さん。この種の山を歩くためには歴史などの予備知識が必要なのだが、あいにく全員知識ゼロ。ちょうどいい具合にスタートが七尾城史資料館ということで、「なにはともあれ」と学習に入る。入館料を払ったところで、「では、最初にビデオをご覧下さい」と係の方がスイッチを入れると、大型画面の拡声器からいきなり

松風さわぐ丘の上
　古城よひとりなに偲ぶ

と、昭和を代表する大歌手・三橋美智也さんのあの懐かしい歌声が流れてきた。

近年騒がれている「団塊の世代」のおじさんやおばさんたちが子どもの

頃、ラジオから毎日のように流れてくるこの歌を、なぜかしんみりと聞いた、あの「古城」なのだ。その詩がここ七尾城を詠《よ》んだものだとわかっただけで、もう予備知識は十分だ。足利一門の有力家臣だった畠山氏。山の地形を巧みに利用して築かれた難攻不落のこの城を、あの有名な戦国武将・上杉謙信が二百数十日かかってやっと落としたのは1577年のこと。その謙信が七尾城を「天下の名城」と称えたことなどを急いで詰め込む。

## 戦国時代劇を思わせる「昔のままの道」

通用門から裏庭に出る。土蔵の壁に、本丸に通う道の入り口にあったという医薬門が立てかけられている。それをカメラに収めているところへ、向かいにある懐古館から管理人の坂井重遠さん(畠山氏の家臣の末《まつ》裔《えい》)がやってきて「昔のままの道を教えてあげるからついてきなさい」となる。

スタートは牛舎の前からだ。生まれて初めて牛を見るという加藤さんの想定外の一言に、めまいに近いカルチャーショックを受けた仲間たち。「じゃあちょっとだけ」と加藤さんを乳牛に対面させたところで、人家の間を抜けて続く道に足を踏み出す。竹と杉が混在する林の中を少し

**参考コース**

スタート **七尾城史資料館** 駐車場 ▶ 20分 ▶ **赤坂口** ▶ 30分 ▶ 安寧寺との分岐 ▶ 20分 ▶ **山頂（本丸跡）** ▶ 20分 ▶ **安寧寺跡** ▶ 20分 ▶ **赤坂口** ▶ 10分 ▶ **七尾城史資料館** 駐車場

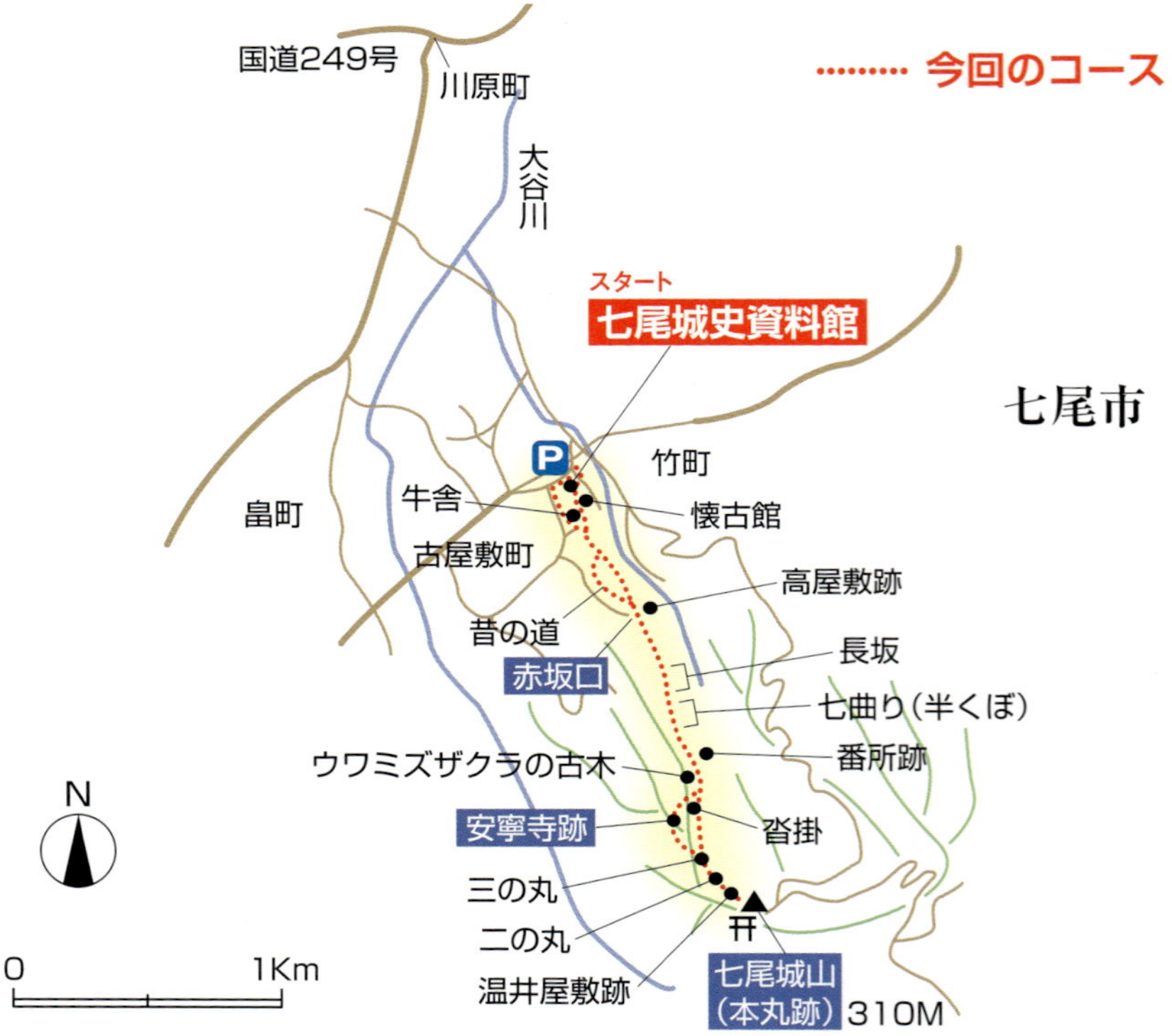


## ■おすすめの季節

3月末から雪が降る12月初旬までいつでも楽しめる。

## ■アクセス

国道160号線（七尾田鶴浜バイパス）の川原町交差点から国道159号線（鹿島バイパス）に入り、藤野町の交差点を左折して七尾城史資料館へ。

## ■アドバイス

七尾城史資料館の駐車場に車を止めてスタートすると、周遊に便利。最初に資料館で学習してからスタートすると、味わい深い山歩きになる。途中に水場、トイレはない。

## ■お問い合わせ

七尾市役所観光交流課 ☎0767-53-8424

●国土地理院地形図　2万5千分の1地形図「七尾」

フキノトウを手に持つ加藤さん

かれんなピンクのショウジョウバカマ

行くと、坂井さんに教わった不明瞭な「道」を右手に発見。踏み跡を辿《たど》り、竹林になったT字路を左へ曲がる。道幅は1メートル足らず。そのすぐ先に、樹齢を重ねた見事な杉が整然と並ぶ。坂井さんが言っていた「昔のままの道」は数十メートル続いて、高屋敷跡からの通常の旧道・赤坂口に合流する。

竹林から杉並木へと、ほんの数十メートル余りの平坦な道だが、戦国時代の武士たちの往来や古城を思い浮かべながら歩くと、大河ドラマの合戦場面がダブッてきたりして、なんだか物知りになったようないい気分になる。

ツクシも見つけました

車が通れるほどの広い道だが、それも蔵屋敷跡との分岐まで。妙国寺跡にさしかかると、ピンクのショウジョウバカマが咲く中、丸太の階段の上りが始まる。ネジキ、ヒサカキなどの常緑樹に迎えられて、長坂をゆっくり上って行く。左手の木々の隙間からは、七尾湾が見え隠れし始める。アズキナシ、リョウブ、ノリウツギ…。樹木に名札がかけられているので、山歩きの楽しみも倍増だ。

## 曲がりくねった道通り 本丸跡をめざす

一帯に時刻を知らせた時鐘跡からは、「七曲り（半くぼ）」と呼ばれる曲がりくねった道となる。ここを過ぎ

壮観な竹林の中を歩く

ると、左右に深く切れ落ちた谷が見渡せる尾根筋に出る。中世の山城の多くがそうだが、この地形が「難攻不落」を支えたのだ。畠山氏の通用門だった番所跡のすぐ先に、ウワミズザクラの古木が姿を現すと二股に出る。右手は安寧《あんねい》寺跡から三の丸、二の丸を経るコース、左手は本丸への直行コースとなっている。ここはまず本丸に直行だ。

沓掛場で古式にのっとり全員身なりを整える。とはいっても、整えるほどの身なりではないのだが。寺屋敷跡を過ぎたあたりから、雪による倒木が行く手を遮り始める。石積みが見えてくると、倒れた杉の木を乗り越したり迂回《うかい》したりの上りとなる。「これは確かに難攻ですね」と山岸カメラマン。石垣は戦国時代の山城を築く時によく用いられた「野面《のづら》積み」という工法で、しかもそれが見事に残っているのだ。石川の森50選に指定されている七尾城址の森にやっとのことでたどりつき、遊佐《ゆさ》屋敷跡（曲輪跡）を通過すると、本丸への最後の上りだ。

## 七尾湾を見おろす山上都市

広い山頂（本丸跡）には城山神社、そして「七尾城址」と彫られたりっぱな石碑が建てられている。もちろん、七尾湾、能登島はベンチから手に取るように見下ろせる。

帰路は畠山氏の補佐だった温井氏の屋敷跡を経て、二の丸、三の丸方向へととる。急階段を二度三度と下り、三の丸の基部をぐるりと回りこむと畠山氏の廟《びょう》が奉られている安寧寺跡に出る。城域で一番の広さを持つこの寺跡のあちこちから、フキノトウが顔を出している。山城というより「山上都市」と呼ぶのにふさわしい規模を誇った七尾城山。

崩れしままの石垣に…

また三橋さんの歌声が聞こえてきた。

丸太の階段がきれいに並べられている

曲がりくねった「七曲り（半くぼ）」

「七尾城址」と刻まれた石碑のある山頂

マガモが群れる邑知潟で、コハクチョウを見物

# 14

# 眉《び》丈《じょう》山《ざん》・雷《らい》ガ《が》峰《みね》

## 「おにぎりの里」でハイキング 古墳の山から邑知《おうち》低地帯展望

標高 188m

参考コースの所要時間
約1時間15分

　春が近づくと、決まってワクワクし始める。めずらしく雪が多かった後だけに、よけいにそう思うのかもしれないが、それ以上に、「まっ先にどこの山に出かけようか」と、思いを巡らす楽しみがそうさせるようだ。

　山歩きに欠かせないのは、雨具とヘッドランプと地図、それにコンパス。いや、究極のところニギリメシではないだろうかと、最近思うようになった。そこで、「おにぎりの里」で知られた旧鹿西町《ろくせいまち》域にある眉丈山に春一番で出かけることにした。

　あたりは能登の穀倉地帯。「おにぎりの里」といわれたくらいだから、きっとうまい米がたくさんとれて、町のいたるところにオニギリ屋さんが軒を連ねて待ちかまえているはずと、寺崎春香さんを誘って中能登町（旧鹿西町）へと向かった。

## 邑知潟《おうちがた》のコハクチョウ　マガモも群がる

羽咋市と中能登町のちょうど境あたりにさしかかったところで「白鳥の里」という看板が目に飛び込んでくる。「オニギリより絵になりそうですね」と山岸カメラマンに催促されて、農道を長曽《ながそ》川の方へと向かう。橋から川面に目をやると、岸辺に茂る葦《あし》をかきわけながら数羽の白鳥がエサをついばんでいる。邑知潟《おうちがた》のコハクチョウである。

車を止めて土手に上がると、悠々《ゆうゆう》と浮かぶ白鳥のまわりで群れていたマガモが、いっせいに土手に上がってきて、ガアガアと騒ぎながら、われわれの方へと向かってくる。

「ワアー、かわいい」と言いながら、生唾《なまつば》をゴクリと呑《の》みこむ不謹慎な寺崎さん。振り返ると、眉丈山のなだらかな山波が左右に広がっている。

もとへ戻って眉丈山《びじょうざん》へと向かう。すぐに「おにぎりの里」の看板が現れたが、そこからいくら先に進んでも「オニギリ屋」に出合わない。おかしいなと思いながら、観光ミニガイドを取り出すと、表紙に使われているのは、マスコット「オニギリ」なのだが、開いてみてガックリ。「おにぎりの里」の正体は、近くの杉谷チャノバタケ遺跡から、日本最古のオニギリの化石が発掘されたことに由来するのだと分かった。2000年も前のものだと書いてある。

あきらめきれずに「オニギリ屋さ

中能登町（旧鹿西町）にある眉丈山

**参考コース**　スタート **登山口(本土寺)** ▶40分▶ **雷ガ峰(1号墳)** ▶5分▶ **能登王墓の館** ▶30分▶ **登山口(本土寺)**

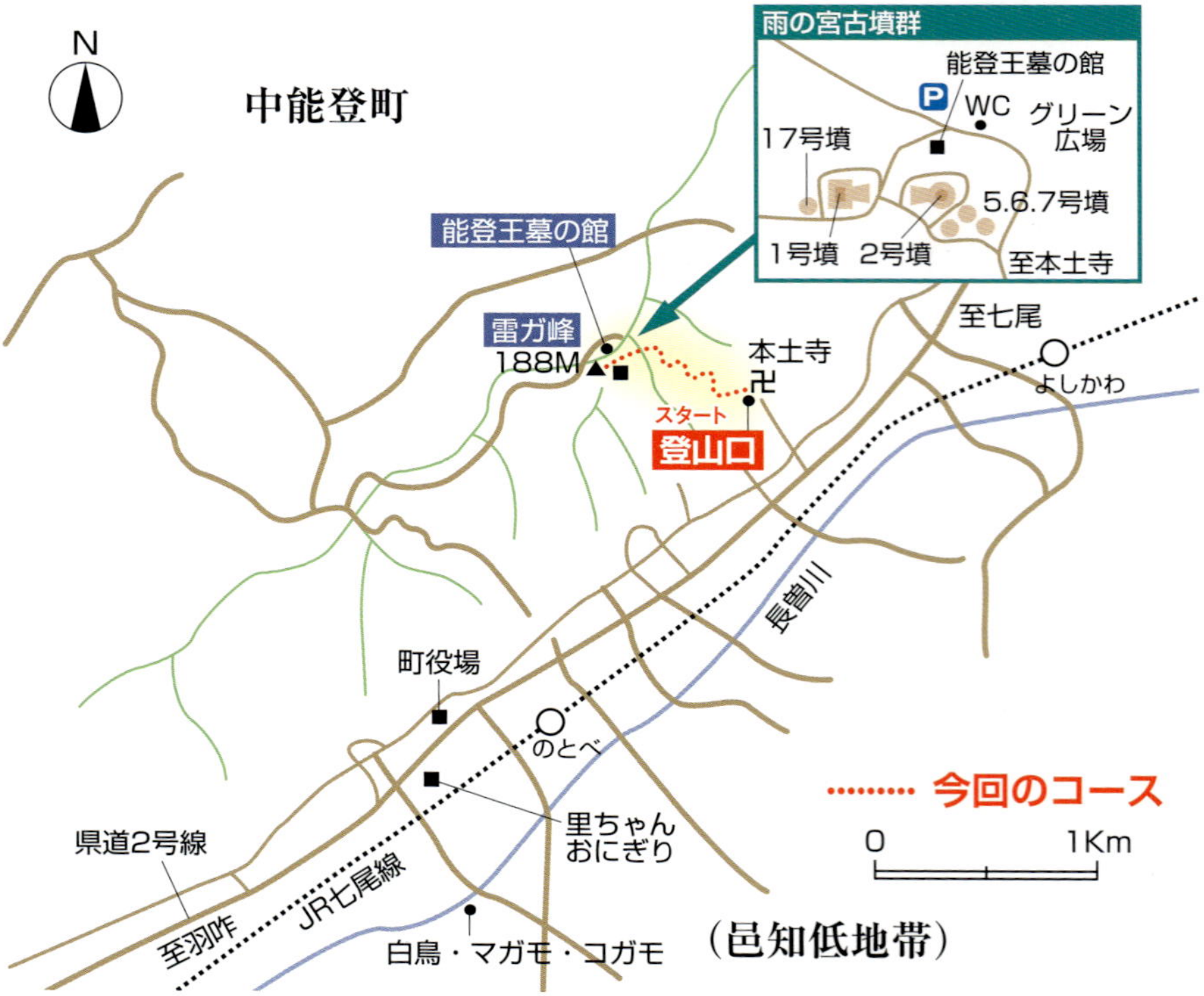


## ■おすすめの季節

雪がなければ、いつでも気軽に出かけられる。春先にはフキノトウやオウレン、イワカガミ、ヤブツバキ、ショウジョウバカマなどが顔を出す。

## ■アクセス

主要地方道2号線(七尾羽咋線)を中能登町役場鹿西庁舎(旧鹿西町役場)前から東へ2キロほど進み、鳥屋町にさしかかる手前を左折して登り口がある本土寺へ。本土寺に駐車場有り。

## ■アドバイス

墳墓の直下まで車で行ける。足回り、服装は普段着で十分。トイレ、水場は、本土寺、そして山頂直下のふるさと歴史の広場にある。持ち物は、計画に合わせて準備すればいい。

## ■お問い合わせ

中能登町役場企画課 ✆0767-74-2806
●国土地理院地形図　2万5千分の1地形図「能登二宮」「柴垣」

んはありますか」と町の人にたずねると、「1軒ありますよ」と教えてくれた。さっそくUターンし、教えられた「里ちゃんおにぎり・岡もと」で、天むす、とんかつ、おかか、きんぴらを注文。できたてのオニギリを見て、一同「オー」と声を発して目を見張る。

登山口がある本土寺の山門

コンビニのオニギリより一回り大きく、具のエビ天やカツが、黒々としたのりを突き破って飛び出しているのだ。それを見てしまうと、ニギリメシは山頂で食べるはずだったことなど忘れて、「あたたかいうちに食べよう」と、その場でパクリ。「おいしーい」「くせになりそう」と、あっという間に全部平らげてしまった。

　心とお腹《なか》が満たされたところで、登山口のある本土寺《ほんどじ》へ向かう。1300年の開山とされる日蓮宗の古刹《こさつ》で、門構え、鐘楼《しょうろう》、本殿のすべてが歴史を刻んだ風格で迫ってくる。

　登山口は門の左脇。赤いポストの中にあるノートに寺崎さんが登山届けをして、ゆるやかに延びている道を歩き始める。足元には青紫の小さな花をつけたオオイヌノフグリ、山腹にはまっ赤なヤブツバキ。スギとヒノキ、それからモミの木が入りまじった中に続く広い山道をしばらく登ると、春の日差しの中にフキノトウが顔を出して迎えてくれる。訪れる人が少ないせいか、ところどころで、雪による倒木が道を遮《さえぎ》っている。

ヤブツバキを手に取る寺崎春香さん

## 36基もの古墳がある 雨の宮古墳群

眉丈山は、「雨の宮古墳群」で一躍有名になったところで、36基もの古墳が集まっている国の指定史跡。山頂

眉丈山の山頂から2号墳が見える

の雷ガ峰《らいがみね》は、1号墳（前方後方墳）のすぐ脇で、隣には前方後円墳や円墳がある古墳の山なのだ。

30分ほど登ると樹木が開け、最初の円墳が現れる。その隣にある2号

雨の宮古墳群に続く鳥居

墳（前方後円墳）の脇を抜けて進むと、石を積んだ小高い1号墳が迫ってくる。よく見ると、墓の上まで階段がついている。

「お墓でしょ。登ってもいいんでしょ

フキノトウ

オオイヌノフグリ

うか」と寺崎さん。祟《たた》りがあるといけないからと、手を合わせてから墓の上へと登ってみる。

眺めがとてもいい。途中立ち寄った邑知低地帯の広がりが、どこまでも続いて見える。が、みんなの記憶からは、すでにコハクチョウは消えてしまっていて、思わず「ワアー、おにぎりの里だ」となる。足元の山裾《やますそ》に沿って延びるJR七尾線を、カラフルな電車がすれ違う。

山頂をあとにすると、少し下って能登王墓《のとおうぼ》の館に向かう。銅鏡、鉄鏃《てつぞく》、直刀《ちょくとう》などの出土品を見ながら、能登文化の発祥地を学ぼうと館に到着したら、あいにくの休館日。なのに、誰一人がっかりしていない。むしろホッとしているのだ。

感動のオニギリでスタートした眉丈山ハイキング。学習に縁のないわれわれの下山時の話題は、ひょんなことから、お好み焼きともんじゃ焼きに発展。その道を究《きわ》めている最中という寺崎さんの腕前を確かめようとなる。近くのお好み焼き屋に飛び込み、「デラックスもんじゃにベビースターのトッピング」と、メニューも見ないで注文する寺崎さん。2本のヘラを巧みに使う技を、一同、尊敬のまなざしで眺めた。

山道を遮る倒木を手でよけながら先へ進む

山頂からの眺め

# 15 石動山《せきどうざん》

## 修験者の精神息づく霊峰
## 花々が導く院坊跡巡り

往時の姿を唯一とどめる旧観坊

標高 565m

参考コースの所要時間 約1時間45分

### 北陸山岳信仰の拠点

山頂一帯が国の史跡に指定されている石動山《せきどうざん》。北陸における山岳信仰の中心的な霊場として栄え、中世には360余りの院坊（修験者の住まいや施設など）に、3000人もの衆徒がいたと伝えられている。「山岳」を追求する私たちにとって、ぜひ体験してみたい山である。

白山を開いた泰澄《たいちょう》が開山したとされ、その歴史は古い。石動山にある伊須流岐比古《いするぎひこ》神社は、927（延喜5）年に作られた全国の神社一覧（延喜式神名帳）の中で、「延喜式」として朝廷に公認されている。醍醐《だいご》天皇が在位した時代の話だ。

「醍醐天皇っていつごろの人ですか」と、後部座席から森はづきさんに聞かれ、「紀貫之《きのつらゆき》が新古今和歌集

の編纂《へんさん》を始めたころらしいですよ。平安時代ですね」と一夜漬けの知識を披露する。「何だか意味深い山ですね」と、山岸カメラマンは少し渋い顔だ。

## 伊須流岐比古神社からスタート

国道159号線沿いを進むと、突如現れるのが、大規模なショッピングモールなどが並ぶラピア鹿島だ。その交差点から氷見田鶴浜線に入れば、後は小まめに設置されている「石動山」の案内板に従うだけ。車はグングン高度を稼ぎながら上り、迷うことなく史跡群の前に到着する。

駐車場隣の資料館で金剛杖《づえ》をお借りして、復元された大宮坊《おおみやぼう》（360あった院坊の本部）のそばにある伊須流岐比古神社から、「山岳信仰山歩き」が始まる。石段を上り、大きなモミの木を仰ぎながら鳥居をくぐると、すぐに鐘楼《しょうろう》跡に出る。

直径5尺の鐘の音は、越中・能登に響き渡ったと案内板の説明にある。「そんな大きな音だと、鐘をつく人は大変だったでしょうね」と、歴史情緒とは縁のない発想をする森さんに軽く相槌《あいづち》を打ち、右手に見える雨《あま》乞《ごい》跡にある池に立ち寄る。枯れることのない清水がわき出ているイワシガ池だ。水が万病に効くという説明を読み、森さんがさっそく水を汲《く》んで口に含む。

少なくとも1080年の歴史を持つ
伊須流岐（いするぎ）比古神社

**参考コース**

スタート 大宮坊 ▶5分▶ 伊須流岐比古神社 本殿・経蔵跡 ▶10分▶ 行者堂 ▶10分▶ 剣の宮跡 ▶10分▶ 山頂 ▶5分▶ 梅の宮跡 ▶10分▶ 石動山城跡 ▶5分▶ 庚申塚 ▶15分▶ 野生生物観察施設（あずまや）▶15分▶ 林道 ▶15分▶ 旧観坊 ▶5分▶ 大宮坊

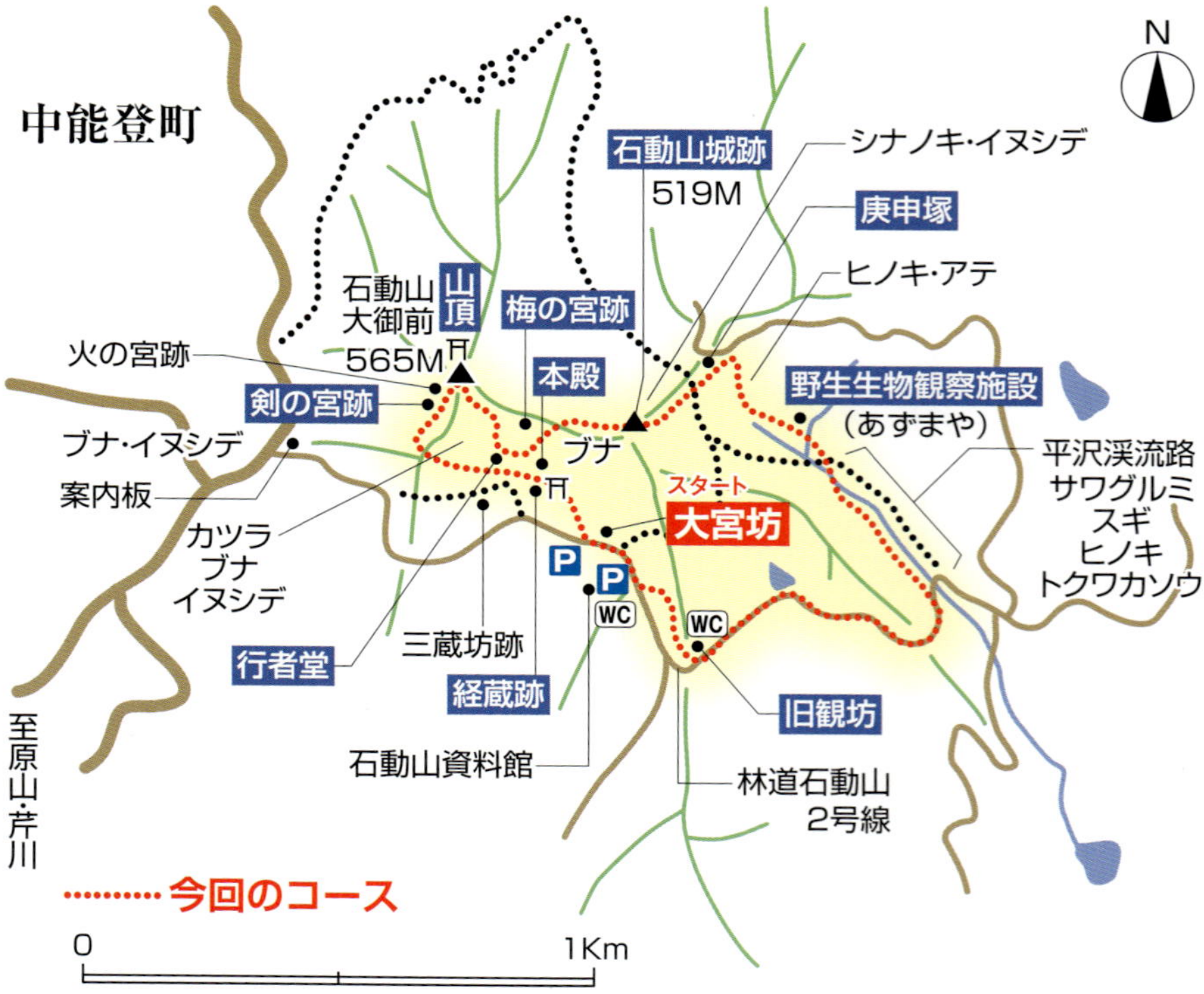


## ■おすすめの季節

年にもよるが、4月から12月初旬がおすすめ。

## ■アクセス

中能登町経由の場合、国道159号線（鹿島バイパス）のラピア鹿島の交差点から主要地方道18号線で芹川を経由して案内標識に従って石動山史料館へ。氷見市経由の場合、国道160号線の阿尾の交差点から主要地方道18号線（氷見・田鶴浜線）を辿る。

## ■アドバイス

能登は予想以上に雪が多いところなので、春先に出かけるときは事前に確認を。

## ■お問い合わせ

中能登町役場企画課 ✆0767-74-2806
●国土地理院地形図　2万5千分の1地形図「能登二宮」

分岐近くにある本殿

神社境内で清水をたたえるイワシガ池

復元された大宮坊

## 足元に咲く可憐《かれん》な花々

杉木立の境内は一面、黄緑色の苔《こけ》だらけだ。石段を上って本殿前に出ると、そのすぐ先で経蔵《きょうぞう》跡の分岐にさしかかる。石段伝いに直進すれば山頂まで15分ほどだが、ここは院坊跡を巡りながら歩こうと、左の道に進む。

赤い花をいっぱいつけたヤブツバキに導かれるように、なだらかで広い道が続いている。シナノキの巨木が数本、枝を力強く広げて立ちはだかっている。根元にはカタバミ（コミヤマカタバミ）が白い花を咲かせている。

その脇を過ぎると、一またぎで渡れるほどの小さな沢にさしかかる。玉橋跡だ。道はほとんど水平で、山腹の至る所にショウジョウバカマが顔を出している。

仁王門跡からの道が合流する三蔵坊跡辺りから、少し傾斜が出てくる。ブナやイヌシデの明るい林に変わり、右手に小さな行者堂《ぎょうじゃどう》が現れる。修験者たちは、それぞれの院坊で寝泊りしながら、この小屋にこもって霊験を得るために励んだのだろうかと往時に思いをはせる。

そそり立つブナ林の中を行く

## 心地良いブナ林にうっとり

そこから道は緩やかに右にカーブし、その先でジグザグ続く石段になる。この上りでちょっと息を切らしたところで、剣《つるぎ》の宮跡に到着だ。説明では2間だけの小さなお堂だったとある。そのすぐ隣には、広い敷地を持つ火の宮跡がある。ここからしばらくは、能登有数の見事なブナ林が続く。分厚く重なった落ち葉をフワフワと踏む。あまりの心地良さに、それだけで石動山が大好きになる。

山頂の大御前《おおごぜん》まではすぐだ。石段を上っていくと、上から人の声が聞こえてくる。広場に出ると、大御前の社《やしろ》の前で大勢の年配者が記念撮影をしていた。富山の「里山を歩く会」の方々で、43人でやってきたのだと言う。少し曇っていて日本海と陸の境がはっきりしなかったものの、山頂からは奥能登一帯がぼんやり見えた。

## 僧兵たちの戦いの跡

帰路は本殿に下るコース途中にある梅の宮跡から、石動山城の跡へと回ることにする。しかし、この山の案内標識は複雑だ。1本の杭《くい》に5つの案内矢印が、千手《せんじゅ》観音の手のように取り付けられていた。

コンクリートの坂道を上っていったん下り、再び緩やかに上り返すと、石動山城跡に出る。七尾城に対峙《たいじ》する標高５１９メートルの場所に造られ、いざという時に衆徒が僧兵となって立てこもったところだ。

広い城跡の真ん中にはシナノキの古木が1本ある。その脇で金剛杖を振り回して僧兵のまねをする森さんを見て、一同あきれ顔になる。

城跡から少し下るとT字路にぶつかる。右手は、最初に通った大宮坊の脇に出る道だが、もう少し山岳修行を続けようと、左手に続くなだらかな道を歩くことにする。

落ち葉のじゅうたんを踏みしめながらダラダラと下ると、十字路に出る。明治初期の廃仏毀釈《はいぶつきしゃく》運動で大半が撤去されたとされる庚申塚《こうしんづか》(庚申供養塔)が一つ残っていた。

そのすぐ先に右手に下りる道がある。その先にも、やはり右手に下りる道があり、野生生物観察施設の案内矢印が見える。「野鳥や動物に会えるかもしれませんね」と、その尾根道を辿《たど》る。

## 朽ちかけた橋に歴史の重み

アテとヒノキが混在する林を進むと、尾根がだんだんヤセて細くなる。

トクワカソウが淡いピンクの花をうつむき加減につけている。あちこちに置かれているベンチは、どれも朽《く》ち始めている。

急坂を下り沢音がしてきたら、対岸に広場が見えてくる。あずまやが一つあった。これが野生生物観察施設のようだ。足元一面をフキノトウが占拠している。それを踏まないように橋を渡り、あずまやの前に出た。

あずまやで休憩したら、朽ちかけた橋をおっかなびっくり目をつぶって渡り、沢伝いに続く「平沢渓流路」を進む。サワグルミの大きな木が数本。そのそばに置かれたベンチは、もう「苔むした」という状態を越えて、苔がベンチを包んだ薄皮饅頭《まんじゅう》のようだった。何度か沢を渡り返すが、仲間たちはもう朽ちかけた橋にマヒしてしまって、平気な顔で渡っている。

沢沿いの道を楽しんだら林道をのんびり歩いて、石動山に往時のまま残る唯一の院坊・旧観坊《きゅうかんぼう》に向かう。一帯はこの山一番の住宅地になっていたようで、石積みの坊跡は中世のニュータウンといったところか。一番高台にある性空坊《しょうくうぼう》跡まで歩いたら、ゴールは間近だ。坊跡のあちこちに咲くヤマエンゴサクの優しい薄紫に心を洗われる思いがした。

たくさんの矢印が付いた案内標識

赤いヤブツバキに導かれるように進む

坊跡に咲いたヤマエンゴサク

うつむき加減のトクワカソウ

富山県
羽咋市・中能登町・氷見市

風力発電所の白い風車がそびえ立つ

# 16 碁《ご》石《いし》ケ《が》峰《みね》

## 氷見の最高峰で春を実感 フキノトウもお出迎え

標高 461m

参考コースの所要時間
約1時間25分

氷見市の最高峰・碁石ケ峰《ごいしがみね》から立山連邦を眺めようと出掛けた。猫の目のように変わる予報に気をもみながら、金沢で山岸カメラマンと合流し、高岡経由で氷見へと向かう。寺崎春香さんとの待ち合わせは、氷見漁港にある海鮮館の駐車場だ。潮の香りがする駐車場で、半年ぶりの再会を喜び合ったところで、すぐそばを流れる余川川に沿って県道３０４号線を原山峠へ。高度をグングン稼いで一番上にある懸札の集落にさしかかる。家々の軒下には、屋根雪を降ろした名残が見られる。

峠はここからすぐだ。右へ左へとカーブしながら、石川県との県境・原山峠に出ると、そこから少し下ったところに

# 碁石ケ峰

**参考コース** スタート 駐車場・原山大池 ▶8分▶ 原山峠 ▶35分▶ 風力発電所 ▶10分▶ 碁石ケ峰山頂 ▶（車道歩き）30分▶ 駐車場・原山大池

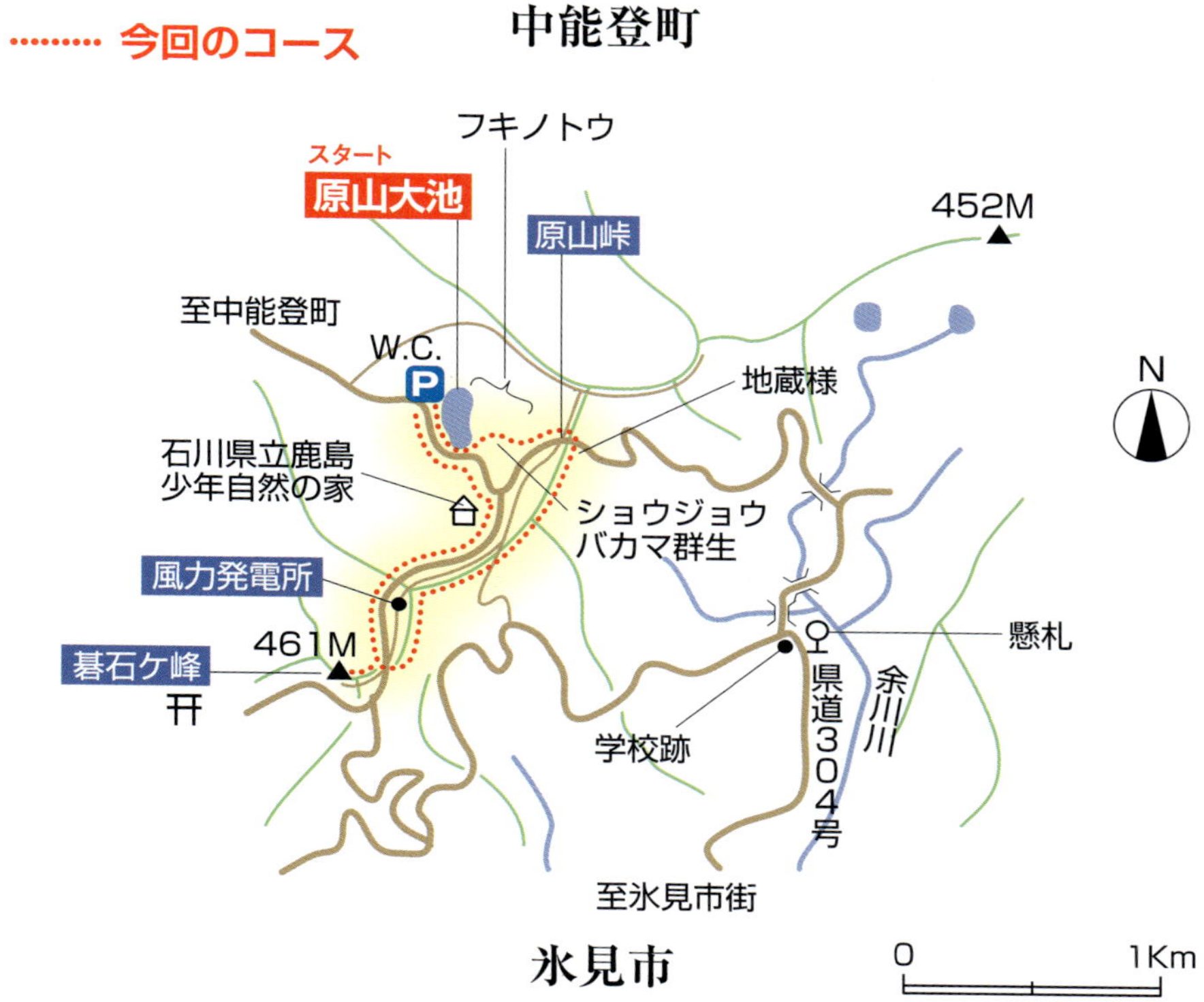


## ■おすすめの季節

積雪期もあわせて一年中楽しめる。春先は立山連峰の眺めがすばらしい。雪どけ直後には一面フキノトウが顔を出す。

## ■アクセス

県道304号線（鹿西氷見線）で原山峠に向かう。車は原山大池前の駐車場に。

## ■アドバイス

トイレ、水場はいたるところにある。残雪期には、長靴が便利。

## ■お問い合わせ

中能登町役場企画課 ✆0767-74-2806
鹿島少年自然の家 ✆0767-77-2200
●国土地理院地形図　2万5千分の1地形図「氷見」「能登二宮」

原山大池が現れる。周辺はよく整備されていて、すぐそばには鹿島少年自然の家があり、駐車場やトイレもある。

## ショウジョウバカマやセツブンソウが群生

スタートはこの大池だ。空模様は今ひとつで、ちょっと肌寒いが、大きく崩れることはないだろうと、峠に向けて歩き始める。とすぐ、「わあ、フキノトウ」と寺崎さんが指さす。

見ると、遊歩道沿いに一面フキノトウが顔を出している。さっそくビニールの袋を取り出してフキノトウを摘み始める仲間たち。毎度のことだが、なかなか先へと進まない。右手のちょっと斜面になったところにスギの木が2本。日陰になった根元にはピンクのショウジョウバカマが群生している。峠に差し掛かると、今度は足元につぼみを閉じたままの白いセツブンソウの群落を発見。相次ぐ春の出迎えに仲間たちの顔はほころびっぱなしだ。

登り口はお地蔵さんがまつられているい小さなほこらの脇からだ。赤い実をつけたツルシキミを横目に、ヒノキ林の中に続く丸太の階段をちょっと上るともう尾根道に出た。コナラ、エゴノキ、リョウブ…。芽吹いたばかりの雑木林は明るく、チシマザサの中に広い遊歩道が緩やかな傾斜で続く。木々の隙間からは原山大地が眼下に見える。

フキノトウを見つけて喜ぶ寺崎さん

真っ赤なツルシキミ

ピンクのショウジョウバカマがお出迎え

可憐なセツブンソウ

ヒノキ林の中を尾根に向かう

## 巨大プロペラが回る風力発電所の風車

　雪が所々に残っている。その雪をよけながら、緩やかな上りに差し掛かったところで、雨に混じって、何だか白いものが降ってきた。「ウッソー」「エーッ」と、あわてて傘を広げて、うらめしそうに空を見上げる寺崎さん。「この分では、立山連峰は見えませんね」と傘を片手にシャッターを切る山岸カメラマン。自慢にはならないが、このメンバーでの眺望登山は、過去3年間で一度も成功していないのだ。それでも何だかウキウキするのは、春先の山に分け入って、冬の間眠っていた体が起き始めたのを感じるからだろう。

　少し行ったところで、樹林の前方に白い風車が見え始めた。それがだん

頂上からは中能登町(旧鹿島町)が一望できる

だん近づいて大きくなる。いったん鞍《あん》部《ぶ》に下って、雪の階段をグンとひと上りすると、広場になっていてベンチが現れた。風車はその広場に建てられている。ユラリユラリと回る巨大なプロペラを見上げていると、なんだか乗り物酔いしそうな錯覚がする。ここは碁石ケ峰風力発電所で、風車の高さは「38m、出力600／180KW」とある。

　ベンチで一息入れ、階段を下ると、いったん車道に出た。広場にトイレと駐車場があり、そのすぐ先の右手で、中能登町（旧鹿島町）の小金森から地獄谷川沿いに続く健康の道コースが合流している。そしてすぐ右手に、碁石ケ峰の山頂に続く丸太の階段が現れた。右へ緩やかにカーブしながら階段を上ると、山頂の鳥居が目に飛び込んでくる。それに合わせたように陽が差し始めた。

## 山頂の方位盤で 四方の山々を確認

「わあー、あったかいですね」と寺崎さん。遮るもののない広々とした山頂にはベンチが2つ。方位盤があって、北に眉丈山、北東に石動山。南西に目をやると、宝達山から医王山が

山頂の方位盤で位置を確認

うっすらと見えるが、南東方向の立山連峰は全く見えない。が、それは道々覚悟していたこと。春の日差しを浴びながら、芝生でのんびりしたら、頭を海鮮館での昼食に素早く切り替える。

「どうして海鮮館を待ち合わせ場所にしたのか分かりましたよ」とニヤニヤする山岸カメラマン。「決しておいしいものだけが目当てではありません」としどろもどろで言い訳しながら中に入る。威勢のいい掛け声と一緒にカニ、ブリ、カキが目に飛び込んでくる。

「今ならメバル、それからホタルイカ」と、両手にメバルを持って迫るオジさん。この海鮮館は有志が出資しあい、氷見市も一口乗って運営されているところで、水揚げされたばかりの海の幸を低料金で満喫できるのだ。海を眺めながらほお張る、プリップリの刺身にカキフライ。

碁石ケ峰に出掛けるなら、なんと言っても氷見経由がいい。

春の気配を感じながら進む

階段を上ると山頂にある鳥居が目に飛び込んでくる

氷見市の最高峰である碁石ケ峰

親鸞の丘から
山々を眺める

17

# 臼《う》ケ《が》峰《みね》

## 「臼」のようななだらかさ 家持《やかもち》、法然《ほうねん》、親鸞《しんらん》ゆかりの歴史路

標高 265m

参考コースの所要時間
約1時間10分

### 深谷《ふかたん》の集落からスタート

石川県宝達志水町と富山県氷見市の境に、臼ケ峰《うすがみね》はある。山頂一帯が広く、臼《うす》のようになだらかな山だ。そこでシーズン最初の足慣らしをしようと、山歩きは初めてという竹田麻衣さんを誘い、2月下旬の晴れた日に出掛けた。

国道159号線の宝達志水町・子《し》浦《お》の交差点から子浦川沿いに南東へ、防災ダムを右手に眺めながら所司《しょし》原《はら》へと向かう。家並みが途切れたところで鋭角に左折し、急坂を峠まで上ると深谷《ふかたん》の集落に入る。人家は8軒。その一番奥がスタート地点だ。

事前にお願いしていた谷口修さん（当時67）の家の前に車を止め、靴の中に雪が入らないように足元をスパッツ（登山用脚絆《きゃはん》）で覆い、ワカン

（輪かんじき）を着けていると、「ようこそ」と谷口さんが出迎えてくれた。

「深谷はオフクロの実家があったところで、子どものころ来たことがあるんです」。山岸カメラマンの思いがけない一言に、谷口さんが「ああー山岸、知っとる。そうかい、すぐそこの家も親戚だな」と表情をほころばせる。話が弾み、すっかり打ち解けたところで出発だ。

## 家持《やかもち》、能登への視察に通る

登山口に「臼ケ峰と志平路《しおじ》（志雄路）御上使往来《ごじょうしおうらい》」の大きな解説板がある。それによると、奈良時代の746（天平18）年に、中央官庁から国司《こくし》として越中（富山）に出向してきた大伴家持《おおとものやかもち》が、能登一帯を視察しようと気多大社《けたたいしゃ》に向かった際に、この臼ケ峰と志乎（雄）を結ぶ道を通ったのだそうだ。

このとき家持は29歳。家持といえば日本に現存する最古の和歌集「万葉集」の中心的編者とされ、約470首（半分近くは越中在任の4年余りの間に詠んだもの）と一番多くの和歌を収めていることでも有名だが、一方では地方に国の方針を徹底する仕事を任されたエリート官僚だったのだ。

## 「法然《ほうねん》上人の丘」に寄り道

山間の棚田を覆う雪はだいぶ解けて、水面に周囲の山々が映し出されていた。その棚田を右手に見ながら、

雪解けが進む棚田

**参考コース** スタート **登山口**（深谷）▶30分▶**法然上人の丘**▶5分▶**親鸞上人像のある丘**▶5分▶**地蔵園・展望台**▶30分▶**登山口**（深谷）

## ■おすすめの季節

雪上ハイキング、春の花見と、好天なら一年中楽しめる。

## ■アクセス

宝達志水町または高岡から主要地方道29号線（高岡羽咋線）で所司原に向かい、集落の東側から県道305号線（所司原・神子原線）に入って登山口がある深谷の集落へ。

## ■アドバイス

深谷の集落には駐車スペースが1カ所しかないので、集落の人にことわって置かせてもらうと良い。トイレは山頂にある。

## ■お問い合わせ

宝達志水町役場産業振興課
☎0767-29-8240
●国土地理院地形図　2万5千分の1地形図「羽咋」

杉木立に囲まれた広い道を歩き、ナツハゼの脇から緩やかな上りに入る。

雪の深さは50センチほどある。ワカンを着けた竹田さんが初心者とは思えない勢いでグングン飛ばし、その後ろを長靴でヒザまで埋まる雪をかき分けながら、山岸カメラマンが追いかける。

やがてうっそうとした竹林に差し掛かる。上りがしばらく続き、ソヨゴやコナラが顔を出し始めると前方が幾分明るくなる。道は平たんになり再び杉林に包まれる。休憩場所のテーブルとベンチは、まだ雪の中だ。

少し歩いて再び緩やかな上りをたどると、左手に別の尾根が伸びている。「法然《ほうねん》上人の丘」がある尾根だ。目と鼻の先なので寄り道して、コナラに囲まれた小さな丘を半周すると、「法然上人の丘」と刻まれた石碑が現れる。傍らに建つ歌碑の詠み人は「源空《げんくう》」。平安時代の末期（1175年）に浄土宗を開いた法然のことだ。「法然って聞いたことがあります」と、竹田さんも興味深げに碑を見つめていた。

## 雪深い階段を山頂へ

元のコースに戻り、少し進むと、行く手に2本の太い竹が弓のように曲がってアーチを作っている。そこをくぐると、こんもりと盛り上がった丘が現れる。右手に続く道の先には、樹林がぽっかり口を開けていて、氷見市一帯に続く山々が見渡せる。

丘の基部を左に回り込んだところが、なだらかに広がる山頂部だ。丘に続く階段はまだ深い雪に覆われ、その上り口に、大伴家持の歌碑がある。

「之乎路加良　直越来者　羽咋之海　朝凪之多里　船楫毛加毛」。漢字ばかりなので案内板を見ると、「しおじから　ただこえくれば　はくいのうみ　あさなぎしたり　ふねかじもがも」と仮名がふってある。

「志雄路からまっすぐに越えてくると、朝凪《なぎ》の羽咋の海に出る。船と

ワカンを着けてグングン上る

梶があったらなあ」というような意味で、気多大社に出掛けた時に詠んだのだそうだ。

歌碑が建つ「法然上人の丘」

## 親鸞《しんらん》が野宿、布教の説も

階段を覆う雪の急斜面を上ると、

気多大社に向かう道中、大伴家持が詠んだ歌が残る

竹のアーチをくぐると丘が現れる

今度は浄土真宗の開祖・親鸞《しんらん》の像が現れる。法然を師と仰ぎ、阿弥陀如来《あみだにょらい》の願い（本願）と南無阿弥陀仏《なむあみだぶつ》の念仏を浄土宗の真実の教え（真宗）とし、よい行いを積み重ねながら念仏を唱えて如来の本願力（他力）にすがれば極楽浄土に行けると説いた鎌倉時代の有名な僧だ。

　2人は時の権力絡みの宗派争いによって、師の法然は讃岐《さぬき》へ、弟子の親鸞は越後へ流される。臼ケ峰はその際に親鸞が野宿し、近隣で教えを広めたという話も伝わる由緒ある場所なのだ。

　「江戸時代には将軍が代わるたびに、幕府の方針を地方に徹底するために巡見使（上使）が行き来したそうですよ。それでこの道を御上使往来とか臼ケ峰往来と呼ぶんだそうです。文化庁指定の歴史の道100

選にもなっているところですね」と、インターネットで仕入れたにわか知識を披露する。

## 富山湾を隔て　立山連峰を展望

丘から山々を眺めてから、桜並木に続く広々とした「峰」を展望台に向かう。左手が高台になっていて、地蔵園奉賛会の手で祭られた地蔵が雪の上に顔を出している。

展望台からは、すぐ隣の宝達山から医王山、高清水山系から薬師岳、そして富山湾を隔てて立山連峰までぐるりと見渡せる。

時間はちょうど昼どき。風がやや寒いので、建物の陰で湯を沸かし、カップめんをすする。昼食をすませたら、来た道を深谷へ。往路の道々つけてきた踏み跡をたどり、上りのように雪に潜ることもなく30分ほどで車止めまで下る。

衰え気味の脳に刺激を与えるには、言い伝えや資料がたくさん残されている「歴史の路」を行くのもいいものだ。

雪の上に顔を出す地蔵群

臼ケ峰で野宿したと伝わる親鸞の像

展望台からは立山連峰が見渡せる

## 18

# 末《すえ》森《もり》山《やま》

## 歴史の深さ感じる草木が多い里山

桜が満開の若宮丸跡に立ち寄る

標高 138.8m

参考コースの所要時間
約50分

### 古戦場の跡

末森山《すえもりやま》は、豊臣方の加賀藩主前田利家と徳川家康に気脈を通じた越中の守護大名佐々成政が刃を交えた古戦場跡だ。成政が利家の領国だった加賀国と能登国の分断を図ろうとこの末森山にあった末森城を攻めたのは1584（天正12）年9月10日の朝だった。利家がその知らせを聞いたのは午後2時。午後4時には金沢城を出発し、午後9時に津幡城に到着。ここで長男の利長勢の到着を待ち午後11時にスタートして、翌朝の4時には末森城から1・5キロのところに到着している。成政の軍勢15000人に対して利家軍はわずか5000人。城主の奥村永福たち500人が死守する末森城に北側の搦手長坂《からめてながさか》から入場して、数時間

この駐車場からスタート

この高架橋を渡ると登山口だ

の激戦を制して成政軍を敗退させたのだという。ネット情報とはいえ、このリアルな説明に思わず引き込まれ、宝達志水町にある末森山に向かった。

国道１５９号線（押水バイパス）で、免田の交差点から東へ向かうと、前方右手になだらかな末森山が見えてくる。その山裾に道路が差し掛かる手前を案内に従って左折すると、左手に駐車場が現れる。車を止めて、メダケが生い茂るすぐそばの、コンクリート舗装された坂道を、桜並木に沿って歩き出す。高圧線の下を過ぎてひと上りすると、車が７、８台置ける上の駐車場に出た。「持ち帰ろう」と空き缶の絵が書かれた立て札がひとつ。そのそばの草むらに、絵とそっくりの空き缶が一つ捨てられている。

**参考コース** スタート 下の駐車場 ▶5分▶ 上の駐車場・登山口 ▶20分▶ 若宮丸 ▶5分▶ 山頂・本丸跡 ▶20分▶ 下の駐車場

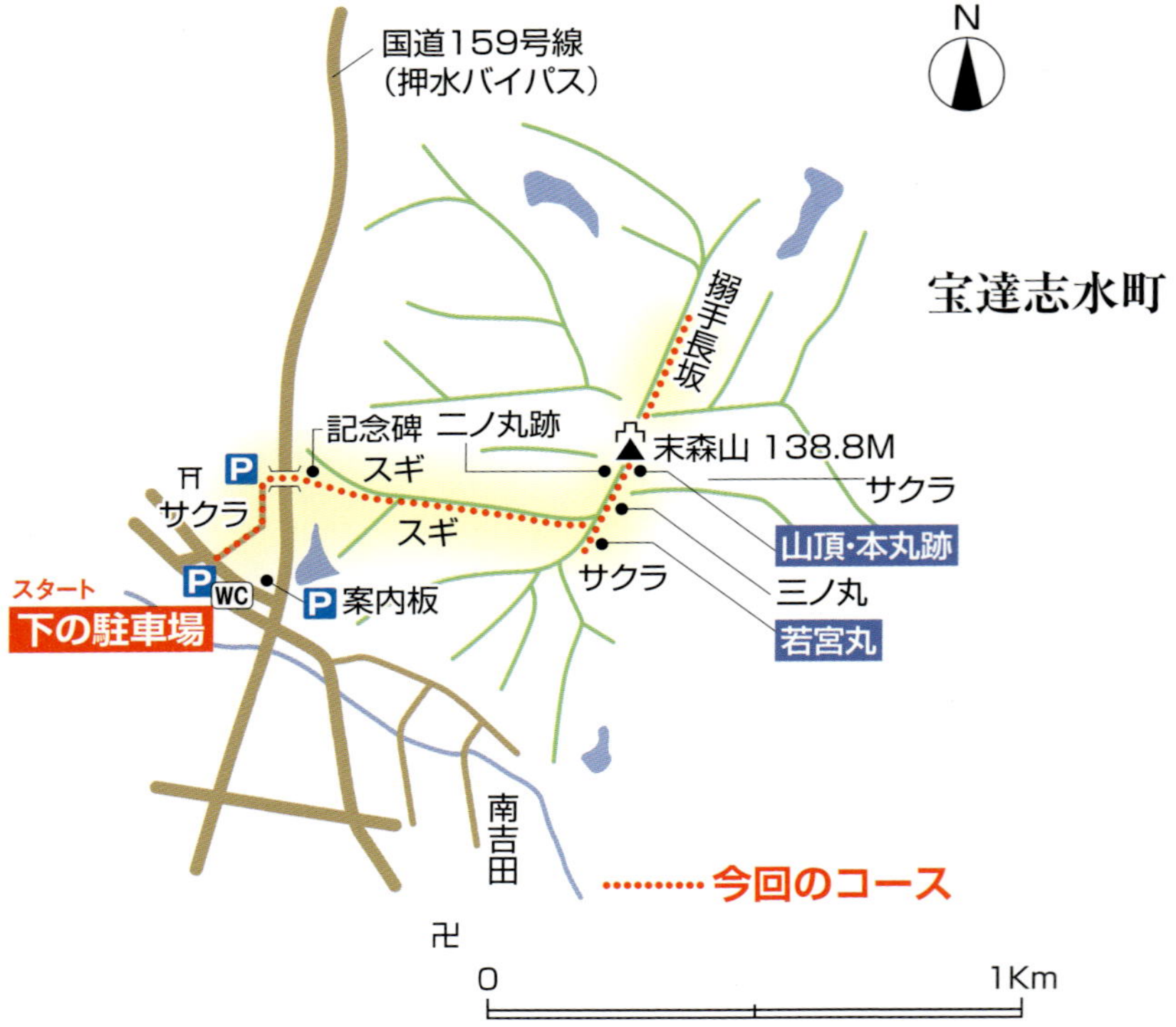


## ■おすすめの季節

雪がなければいつでも出かけられるが、桜が咲き、草花が見られる4月以降がおすすめ。

## ■アクセス

国道159号線（押水バイパス）の免田交差点から七尾方面に向かい、国道河原の交差点を過ぎると、前方右手に末森山が見えてくる。山裾に差し掛かる手前を、案内に従って左折すると、すぐに駐車場が現れる。

## ■アドバイス

子供からお年寄りまで、普段着のままで出かけられる。トイレは下の駐車場にある。

## ■お問い合わせ

宝達志水町役場産業振興課
☎0767-29-8240
●国土地理院地形図　2万5千分の1地形図「宝達山」

登山口にある古戦場跡の碑

春を告げるショウジョウバカマ

道端にはトキワイカリソウ

## 高架橋からスタート

スタートは、国道に分断されたこの駐車場と山裾を結ぶ高架橋からだ。末森城跡の大看板を正面に見ながら橋を渡ると、「史跡・末森山古戦場」の記念碑の前に出る。平成14年

二ノ丸跡から本丸跡へ

本丸跡

の大河ドラマ「利家とまつ」の放映を機に立てられたものだ。歩き始めてすぐ、右手の草むらに群落を作っているリュウキンカを見つける。城跡へと続く道は、コンクリートで舗装されていてとても広い。道端に「ノコンギク」と書かれた写真パネルつきの標柱が立てられている。そこから歩き始めるとすぐ、「ミゾソバ」の標柱、そして「熊出没」の立て札が現れる。

## 小高い広場に桜の木

　やがて緩やかな坂道の両側に、「ミズヒキ」「ハダカホオズキ」「ベニシダ」と、草木名の標柱が並んで迎えてくれる。里山歩きで一番苦労するのは、特にめずらしくもないけど、名前をほとんど知らない草木の種類が多いことだ。が、この遊歩道は、そんな草木オンチにとってまたとない学習の場になっているのだ。

　トキワイカリソウが咲いている、その脇を過ぎると、いくらか坂道らしくなる。枯葉の上をゆるやかに蛇行しながら進むと、早春を告げるショウジョウバカマが顔を見せ始める。シロダモの木の前を過ぎると、分岐にさしかかる。左手はヤブになっていて、立ち入らないように倒木が置かれて

本丸跡から千里浜、日本海が一望できる

いる。「本丸へ」の矢印案内に従って右手へと向かうと、道は粘土質の岩盤になる。

　若宮丸はそのすぐ先の右手だ。小高い広場になっていて、満開の桜が迎えてくれる。桜の幹の根元に白い札がつけられている。見ると、「末森城址美化活動・宝達高校1年1組」とあり、数人の生徒の名前が書かれている。地元の高校生たちが、組を作って美化活動に取り組んでいるようだ。

## 加越能を結ぶ交通の要所

　しばらく桜見物をしたら若宮丸を後にさらにひと上り、大きくS字を描きながら進むと、二ノ丸跡にさしかかった。そこを右手から回り込むように上ると、桜が咲き乱れる広い本丸跡（山頂）に出た。加賀、能登、越中を結ぶ交通の要所にあった城跡からは、宝達志水町一帯から日本海まで、一目で見渡せる。北側に一段低くなった広場が長く続いている。その先の尾根が利家軍が駆けつけた搦手長坂のようだ。なかなかの急斜面で、そこからも樹林越しに北側の山々が一望できる。

　20分ほどの山歩きの間、草木の名前や戦国歴史の総攻撃に遭ったけれど、見事に咲いた桜が疲れ気味の脳をすっかり癒してくれた。

駐車場には立派なトイレが

末森山全景

日差しを浴びて
湖面が神秘的に
輝く夫婦池

# 19

# 宝達山《ほうだつさん》

## 広がるブナの樹海
## 神秘的に輝く山上湖

標高 637.1m

参考コースの所要時間
約4時間40分

宝達山《ほうだつさん》は能登半島で一番高い山。その山を、食前食後に風呂上りにと眺めて育った寺崎春香さんの案内で宝達山へ向かった。かつては金山があって、加賀百万石の台所を支えた「宝の山」だったそうだが、庶民の関心はもっぱらクズ湯とかクズ切りとか、胃袋に現実におさまる確率が高い〝宝達クズ（葛）〟だ。

「それで、昔からクズを作っていておいしいクズ切りを食べさせてくれる所とかありますか？」と山岸カメラマン。「ないと思いますが、ちょっと待ってください」と寺崎さんがケータイで連絡を取る。相手はどうやらお父さんのようだ。「やっぱりないようです」と返ってくる。純度の高さとおいしさで有名な宝達クズは、ごく普通の民家で作られているのだそうだ。そんな説明を聞きながら、クズが生

い茂る土手沿いの道を、登山口がある手《て》速《はや》比《ひ》咩《め》神社下社へと向かう。

## ここちよく歩ける こぶしの路

鳥居のすぐ先の支流沿いに、左手に入る作業道が延びていて、「こぶしの路登山口」の案内が出ている。30メートルほど入ったところが車止めだ。「それじゃあ」と、右手の支流に架けられた橋を渡って、杉木立の中の支尾根に取り付く。前日に雨が降ったからか、思ったよりひんやりしている。

少し上ると、アカガシ、ヤブニッケイ、ヤブツバキといった、能登特有の常緑広葉樹が登山道を覆い始める。気分をよくして先を急ぐと、深くエグられた土塁の中を歩くような格好で、左へ大きくカーブしながら続く道にさしかかる。傾斜はとても緩やかだ。「いい登山道ですねー」と仲間たちを振り返る。「私、小学校と中学校の時に登ったんですが、2回とも車道を歩かされたんです。こんなにいいところだなんて知りませんでした」と古里再発見の寺崎さん。「おっアケビだ」と声をかけると「こんなにいっぱいなってるの見たことないですね」と、レンズを向ける山岸カメラマン。

## 甘い香りの正体はクズの花

そのすぐ先の樹林がちょっと開けたところで、プーンといい香りが漂ってきた。「ジャスミンを甘くしたよう

**参考コース**

[登り] スタート **手速比咩神社下社**・こぶしの路登山口 ▶50分▶ 上の登山口からの路との合流点 ▶50分▶ **宝泉命の水** ▶30分▶ **手速比咩神社上社・山頂**

[下り] **手速比咩神社上社** ▶15分▶ **レストハウス山の竜宮城** ▶5分▶ **夫婦池** 遊歩道分岐 ▶10分▶ **夫婦池**（雄池）▶10分▶ **夫婦池**（雌池）▶10分▶ 分岐 ▶100分（車道）▶ **手速比咩神社下社登山口**

## ■おすすめの季節

こぶしの道は季節を問わず楽しめる。また樹林帯なので、夏でも案外涼しい。林道を下山道として使う場合は、八重桜が咲く4月中旬から下旬が見ごろ。

## ■アクセス

宝達志水町の免田から主要地方道75号線で手速比咩神社へ。そのすぐ先を左折して林道に入るとすぐに終点。その先が登山口。

## ■アドバイス

水場は登山口手前の車止脇。沢水がホースで引かれている。トイレは山頂のレストハウスまでない。

## ■お問い合わせ

宝達志水町役場産業振興課

☎0767-29-8240

●国土地理院地形図　2万5千分の1地形図「宝達山」

ブナ林周遊コースを歩く

な香りですね」と聞いて「ジャスミンってこういう匂《にお》いなんですか」と問い直す。もちろん〝ジャスミンの香り〟なんて言葉くらいは昔から知っているけど、その匂いまでは知らなかった。上目遣いにキョロキョロと見回すが、花といえば冴《さ》えない赤紫色をしたクズの花だけ。まさかと手繰り寄せて鼻を近づけたところで「エーッ、ウッソー」。なんと、ジャスミンの甘い香りを発していたのはクズの花だったのだ。

ひと上りすると、宝達山から延びる主尾根に出る。エゾユズリハ、ミズナラ、そしてブナも顔を見せ始める。チシマザサが生い茂る道をゆるやかに下って上り返すと、赤い実をいっぱいつけたヤマボウシが目にとまる。その先のゆるやかな坂にロープが張られている。坂を乗り越してしばらく行くと、右手から登山道が合流した。採石場の近くにある上の登山道からの道のようだ。

すぐに高圧鉄塔の下に出た。フーッと一息。汗をぬぐって先へ進むと作業道が現れる。ベンチがひとつ。ここでもう一度、フーッと一息ついて小休止とする。ハギが花をつけている。まだまだ暑いのに、気の早い花だ。作業道の左手突き当たりには「宝泉《ほうせん》命の水」

という名前の水場がある。パイプから流れ落ちる水の量はほんのわずかだが、予想以上に冷たくておいしい。

ジグザグとひと上りしたところで車道を横断して、再び樹林の中に潜り込む。山頂は間近だ。樹林の透き間からは、山頂を占拠している巨大アンテナが見え隠れし始める。当然、車道がすぐそばについているのだが、こぶしの路は、この車道やアンテナ群と一線を画すかのように、ブナの樹海の中に続く山腹に沿ってアップダウンを繰り返す。「そう簡単には山頂に立たせないぞ」と。

「けっこう長いですね」と、大分くたびれたような仲間たち。うっそうとした樹林の中をグーンと大きく下って枝沢をまたいで、この日一番の急な坂を登る。そして小さな鳥居をくぐると、手速比咩神社上社の大鳥居の前に出た。宝達山の山頂だ。

## 山頂レストランで昼食し 夫婦池見物に

ちょっと罰当たりだけど、上社の賽銭《さいせん》箱の前に腰を下ろして一服したら、裏手に回ってブナの原生林の周遊コースに足を踏み入れる。みごとな広がりだ。「へーっ」という大きなため息に交じって、「グ～ッ」という音。

クリも発見

赤いヤマボウシの実

ハギの赤い花もまぶしい

ジャスミンのような香りを放つクズの花

アケビがたくさんなっていた

黄色いアキノキリンソウ

小さな鳥居をくぐって山頂に到着

山の竜宮城と名付けられたレストハウス

そういえばみんな腹ペコ。山頂のレストランをあてにして、飲み物しか持ってこなかったのだ。

「とにかく昼飯に」と、薄紫のツリガネニンジン、黄色いアキノキリンソウを目で追いながら、〝山の竜宮城〟と名付けられているレストハウスへと駆け下る。この名前は、寺崎さんの同級生がつけたもので、山頂から眺める立山連峰、白山山系が「時のたつのも忘れさせるほど素晴らしい」という意味なのだそうだ。管理をしている女性も寺崎さんの先輩のお母さん。「ここはゆっくり休んでもらうところで、なんにもないんですよ」とピラフとうどん、そしてコーヒーをご馳《ち》走《そう》になる。

人心地ついたら夫婦池見物だ。レストハウスからちょっと下ったところに案内板があって、左手の草むらにかすかな踏み跡がある。下草が刈られていない道を10分ほど下ると、山上湖・夫婦池が姿を現す。午後の日差しを浴びて、神秘的に輝く湖面。ミズスマシ、カゲロウ、それとも小魚だろうか。ずっと向こうの岸辺の近くで、餌《えさ》を狙う小鳥がせわしなくダイビングを繰り返していた。

富山県
津幡町・小矢部市

コナラの
樹林帯を歩く

## 20

# 三《み》国《くに》山《やま》

## 山頂からの見晴らしは最高 アキアカネ、この指止まれ

標高 323.6m

参考コースの所要時間
約1時間10分

富山県小矢部市から国道４７１号線を石川県津幡町の河合谷へと向かう。段々畑が連なる坪野の集落から、低い峠を越えていくと、河合谷の里にさしかかる。そこから道幅は急に狭くなり、クランク状に続いていく。大海川を渡ったところで、「そこそこ、その少し先ですよ」と、後部座席から里山歩き仲間の寺崎春香さんが指をさす。今回の山は、前々から訪れたいと思っていた三国山《みくにやま》。そして、その入り口近くには、一度この目で見ておきたかった「禁酒の碑」があるのだ。

「禁酒の碑」の存在を知った時は、「日々を悔い改め、禁酒を誓う碑にちがいない」と敬遠していたのだが、実際は、小学校の改築のために村を挙げて禁酒したことの記念碑で、１９２６年のものだという。

# 三国山

**参考コース**

スタート 長池前 ▶5分▶ 森林公園の管理事務所（駐車場）▶10分▶登り口▶10分▶ 山頂 ▶10分▶ 分岐 ▶10分▶林道▶20分▶ 森林公園の管理事務所 ▶5分▶ 長池前

## ■おすすめの季節

キャンプ場、森林浴の森など、市民の憩いの場として整備されているので、いつでも楽しめる。

## ■アクセス

国道471号線から県道221号線に入り、坂道を上りきったすぐ先にキャンプ場の案内がある。そこを左折してしばらく進むと、長池が現れる。車はキャンプ場の駐車場に止めると便利。

## ■アドバイス

テーマパーク化されているとはいえ、ブナやコナラなど樹林も豊かで、コースの選び方次第で、山歩きが楽しめる。

## ■お問い合わせ

森林公園三国山キャンプ場

☎076-287-1622

●国土地理院地形図　2万5千分の1地形図「石動」

河合谷ふれあいセンターにある「禁酒の碑」

秋晴れの山道を散策する

現在、小学校はなくなり、その跡地には立派な河合谷ふれあいセンターが建っている。「禁酒の碑」はその敷地内にある。わざわざ立ち寄ったからには、やはりゆっくり見なければと、碑の前で先人を偲《しの》んだ。これが効いたのだろうか、どんよりしていた空から薄日が射し始めた。

## 倒れた巨木十数本、注意して迂回《うかい》

三国山への登り口がある石川県森林公園は、ここから目と鼻の先。興津《きょうづ》から公園の正面に回り込み、長池まで入ったところで、倒れた杉の巨木に行く手を遮《さえぎ》られる。ざっと数えて十数本。峠を越える道々、台風のツメ跡の無残な姿を目にしていたが、これは尋常ではない。かといって引き返すのも、里山歩きのベテランを目指すわれわれには残念なこと。とにかく注意して進もうと、身支度をする。もちろん、クマに備えて鈴を付けるのも忘れない。

倒木の長さは平均20メートル。これを最小限の労力で乗り越し、迂《う》回《かい》しなければならない。道が断たれ、予定外のコースを歩くときは、メンバー全員の力量と、何よりも衰え気味の自分の力を把握していなければ難しい。「ウーン」と唸《うな》りながら険しい山道を先へ進んでいくと、頼もしいチェーンソーの音が聞こえてきた。「折れた数、今年の冬とどっちが多いかなあ」と倒木の後始末に追われる人たち。こんなときに、われわれは山遊び…。ひんしゅくを買わないよう、低姿勢で通らせてもらう。

池を右手に見ながら、森のトンカチ館を過ぎ、森林公園の管理事務所前に差しかかると、再び数本の杉が倒れ、行く手を阻んでいる。ここは右の土手伝いに逃げて、元の道に出

頂上からの展望を楽しむ

る。T字路にぶつかったところで左へ少し歩くと、木の鳥居が現れる。三国山への登山口だ。

ブナの巨木が根っこから倒れている。ニュースによると、1立方メートルの土がドラム缶1・5本分の水を含んだ状態、つまり山肌は水をいっぱい含んだスポンジ状になっていたのだという。コンクリートの坂道にはヘビが長々と寝そべっている。久しぶりの好天気で日光浴をしに来たようだ。ホレホレッと靴で追い払うと、のそのそとくさむらにもぐり込む。

「最近ヘビを見ても、なんとも思わなくなりました」

そう言う寺崎さんは、里山歩き歴3年。元々なんとも思わない山岸

薄紫のヨメナ

アキノキリンソウ

ムラサキシキブを手に取る寺崎春香さん

紅葉したヤマウルシ

カメラマンは6年だ。

## 日本海、富山平野、金沢平野など一望

そこからすぐ、右にゆるやかにカーブし、倒木群を避けながら歩いていくと、左手に山頂へ続く上り口が現れる。行く手はここでも遮られるが、倒木にはみんなすっかりなれてしまい、左右に軽くかわして進む。しばらくすると、明るく開けた草地に出た。山頂はもうすぐそこ。右手に続く丸太の階段を上り、鳥居をくぐると三国山社《みくにやましゃ》に到着した。

なんと快適な山頂だろう。噂《うわさ》には聞いていたが、さわやかで、見晴らしも最高だ。北から日本海、宝達山、能登の山々、東に富山平野、南には医王山一帯、そして西に金沢平野。足元にはアキノキリンソウが咲き、周りにはアキアカネが飛び交っている。下山の時間を気にする必要もない。もし、「のんびりしたい山頂○○選」というランキングがあったら、三国山は間違いなく入るだろう。社前の草地にマットを敷いて昼食だ。山岸カメラマンは、カメラを手にアキアカネを追いかけている。

大きなアケビ

石川県と富山県の境にある三国山

アキアカネが飛び交う

ススキ野原が広がる

## 天をつくような ブナの大木も

ゆっくり休憩をとったところで、南に伸びる尾根伝いに下ることにする。少し下るとすぐ、うっそうとしたコナラの樹木帯にさしかかり、ムラサキシキブが紫色の実をつけて迎えてくれる。そこから道はなだらかな下りとなり、ブナが混在し始める。天をつくようなブナを見上げると、真っ青な空が目に飛び込んでくる。

しばらく下ったら、次は分岐点にさしかかる。右手は出口への近道、左手は八ノ谷に続く道だ。ここはのんびり遠回りの道を選ぶ。橙《だいだい》色に色づき始めたヤマウルシ、そして真っ赤なヤマモミジ、足元には白い小さな花が揺れていた。

林道に下り立ってからも仲間たちは、このコースの余韻に浸っている。あわてて歩くのがもったいなくて、谷筋に続く木々を眺めながら、ぶらりぶらりと歩いていると、桐《きり》の大木から何かがぶら下がっているのを発見。まさかと目をやると、見たこともないようなジャンボアケビが口を開いている。右手を前に挙げながら歩いているのは山岸カメラマン。その指先にアキアカネがとまる。「ウッソー。スゴーイ」とまねをする寺崎さんの指先にもアキアカネがとまる。

ススキ野原の周りには、一面、薄紫のヨメナが咲いている。秋の日差しの温もりが、ジワーッと伝わってきた。

# 特産品販売 温泉施設 情報

温泉施設

## 和倉温泉総湯

七尾市和倉町ワ5-1 ☎0767-62-2221
http://www.wakura.co.jp/

| | |
|---|---|
| 営業時間 | 7:00～22:00 |
| 定休日 | 毎月25日(土･日曜の場合は翌月曜) |
| 入浴料 | 大人420円、小学生130円、未就学児50円 |
| 備品 | 無料／ボディーソープ、リンスインシャンプー<br>貸し出し／ドライヤー　販売／タオル、バスタオル |
| 駐車場 | 50台 |
| アクセス | 能越自動車道高田ICから車で5分<br>JR和倉温泉駅からバスで5分 |

特産品

## JA能登わかば JAグリーンわかばの里

七尾市矢田新町イ６番地７ ☎0767-54-0202
http://ja-notowakaba.jp/service/wakaba.html

| | |
|---|---|
| 営業時間 | 8:30～18:30 |
| 休店日 | 年末年始 |
| 駐車場 | 100台 |
| 主な販売品目 | 野菜、米、花、山菜、鮮魚、肉、漬物、惣菜、出来たての惣菜や<br>中島菜うどんを提供し、飲食いただけるスペース有 |
| アクセス | 国道160号矢田新町交差点 |

温泉施設

## 七尾市健康増進センター アスロン

七尾市高田町ち部10 ☎0767-68-6788
http://www17.ocn.ne.jp/~athlon88/

| | |
|---|---|
| 営業時間 | 10:00～22:00 |
| 定休日 | 第1･3水曜(祝日の場合は翌日) |
| 入浴料 | 大人450円、小人200円　有料施設あり |
| 備品 | 無料／ボディーソープ、シャンプー、リンス<br>販売／タオル |
| 駐車場 | 146台 |
| アクセス | 能越自動車道高田ICから車ですぐ<br>のと鉄道田鶴浜駅から車で2分 |

特産品

## 灘おおのみ朝市（灘わくわく市場）

七尾市庵町笹ヶ谷内3-1　☎0767-59-1415
http://www.oonomi.net/chokubaishsho/index.html

| | |
|---|---|
| 営業時間 | 9:30～17:30 |
| 休店日 | 木曜 |
| 駐車場 | 67台 |
| 主な販売品目 | 米、農産物、山菜、加工品、キノコ |
| アクセス | 北陸自動車道小杉ICから国道160号を七尾方面へ |

特産品

## 道の駅 のとじま

七尾市能登島向田町122部14番地
☎0767-84-0225

| | |
|---|---|
| 営業時間 | 9:00～17:00 |
| 休店日 | 無休（2012年10月～2013年3月は改装工事のため休業） |
| 駐車場 | あり |
| 主な販売品目 | 朝採れの地元野菜、地元の住民が作った漬物や民芸品、能登島ゆかりのガラス工芸や焼き物 |
| お勧め商品 | 朝の採れたて野菜や山菜、地元お母さんの味「八太郎漬」 |
| アクセス | 能登有料道路和倉ICから約20キロ |

特産品

## わくら朝市

七尾市和倉町ワ部5番1☎0767-53-0834

| | |
|---|---|
| 営業時間 | 日曜、祝日7:00～13:00 |
| 駐車場 | 100台 |
| 主な販売品目 | 米、農産物、花、山菜、加工品 |
| アクセス | 能越自動車道高田ICから約5キロ、和倉温泉総湯前 |

七尾市

温泉施設

## ひょっこり温泉 島の湯

七尾市能登島佐波町ラ部29-1　☎0767-84-0033
http://user.notojima.jp/shimanoyu/

| | |
|---|---|
| 営業時間 | 9:00～22:00（冬季は21:00まで） |
| 定休日 | 毎月最終金曜 |
| 入浴料 | 中学生以上450円、小学生200円（幼児は無料）有料施設あり |
| 備品 | 無料／ボディーソープ、リンスインシャンプー 販売／タオル |
| 駐車場 | 200台 |
| アクセス | 能越自動車道高田ICから車で25分 JR和倉温泉駅からバスで20分 |

# 七尾市

## 特産品 能登食祭市場

七尾市府中町員外13-1　☎0767-52-7071
http://www.shokusai.co.jp

| | |
|---|---|
| 営業時間 | 8:30～18:00、グルメ館は11:00～（店舗により異なる） |
| 休店日 | 火曜（祝日の場合は営業、7～11月は無休） |
| 駐車場 | 250台 |
| 主な販売品目 | 地元の鮮魚や水産加工品、能登の和菓子、地酒、名産工芸品 |
| お勧め商品 | 鮮魚の一夜干し、能登のかまぼこ・珍味、地酒 |
| アクセス | JR七尾駅から県道132号七尾港線を北へ車で1～2分 |

## 特産品 のとちゃん

七尾市中島町浜田壱部83-1　☎0767-66-1725

| | |
|---|---|
| 営業時間 | 9:00～17:00 |
| 休店日 | 火曜 |
| 駐車場 | 25台 |
| 主な販売品目 | 米、農産物、水産物、山菜、花、加工品、キノコ |
| アクセス | のと鉄道・能登中島駅近く |

## 特産品 ふるさと五穀園（藤瀬霊水公園直売所）

七尾市中島町藤瀬19-38　☎0767-66-2500

| | |
|---|---|
| 営業時間 | 6:00～20:00 |
| 休店日 | 無休 |
| 駐車場 | 9台 |
| 主な販売品目 | 農産物、山菜、花、加工品、キノコ |
| アクセス | 能登有料道路横田ICから車で5分 |

## 温泉施設 なかじま猿田彦温泉 いやしの湯

七尾市中島町小牧ヨ部116　☎0767-66-8686　http://www.omakidai.jp/iyashi.html

| | |
|---|---|
| 営業時間 | 10:30～21:30（受け付けは21:00まで） |
| 定休日 | 火曜（祝日の場合は翌日） |
| 入浴料 | 中学生以上500円、3歳以上220円 |
| 備品 | 無料／ボディーソープ、リンスインシャンプー<br>販売／フェイスタオル、かみそり、歯ブラシ |
| 駐車場 | 50台 |
| アクセス | 能登有料道路横田ICから車で10分<br>のと鉄道西岸駅から徒歩10分 |

# 志賀町

## 特産品 志賀町生産物直売所

志賀町倉垣子6-4　☎0767-36-1238

| | |
|---|---|
| 営業時間 | 8:00〜19:00 |
| 休店日 | 無休 |
| 駐車場 | あり |
| 主な販売品目 | 朝採れの新鮮な魚介、海藻(海鮮丼)、地物の山菜類(ワラビ、ウド、タラの実、コゴミなど) |
| お勧め商品 | 朝採れの魚、自家製の干物、海鮮丼、すし、ころ柿、焼きかきもち |
| アクセス | 能登有料道路の西山PA内 |

## 特産品 道の駅 とぎ海街道

志賀町富来領家町タ2-11　☎0767-42-0975

| | |
|---|---|
| 営業時間 | 9:00〜17:30 |
| 定休日 | 無休 |
| 駐車場 | 50台 |
| 主な販売品目 | 米、農産物、花、山菜、水産物、加工品、キノコ |
| アクセス | 能登有料道路西山ICから車で30分 |

## 特産品 道の駅 ころ柿の里しか旬菜館

志賀町末吉新保向10番地　☎0767-32-4831
http://www.syunsaikan-shika.jp

| | |
|---|---|
| 営業時間 | 9:00〜18:30 |
| 休店日 | 火曜、年末年始 |
| 駐車場 | 30台 |
| 主な販売品目 | 季節の野菜、山菜、地元の魚介類、民芸品 |
| お勧め商品 | ころ柿(12〜1月頃)、ころ柿アイス(通年) |
| アクセス | 国道249号志賀町役場川向かい、アクアパークシオン並び |

## 温泉施設 アクアパーク シ·オン

志賀町末吉新保向22-1　☎0767-32-8555
http://www.shi-on.jp/

| | |
|---|---|
| 営業時間 | 10:00〜23:00 |
| 定休日 | 第3火曜(祝日の場合は翌日) |
| 入浴料 | 中学生以上450円、3歳以上小人200円 |
| 駐車場 | 166台 |
| アクセス | 能登有料道路西山ICから車で5分 JR羽咋駅からバスで30分 |

# 宝達志水町

## 温泉施設 志乎・桜の里温泉 古墳の湯

宝達志水町石坂り16-1　☎0767-29-8222
http://www.hodatsushimizu.jp

| | |
|---|---|
| 営業時間 | 10:00～21:00 |
| 定休日 | 月曜(祝日の場合は翌日)、2012年7月からは金曜 |
| 入浴料 | 12歳以上420円、12歳未満150円、6歳未満50円、障害者150円 |
| 備品 | 無料／ボディーソープ、リンスインシャンプー<br>販売／タオル、バスタオル、石けん、かみそり<br>貸し出し／ドライヤー |
| 駐車場 | 50台 |
| アクセス | 能登有料道路今浜ICから車で10分<br>JR敷浪駅から車で10分 |

## 特産品 押水特産直売所

宝達志水町宿26-43　☎0767-28-3998

| | |
|---|---|
| 営業時間 | 9:00～17:00(3～12月) |
| 休店日 | 木曜(3～6月)、無休(7～12月) |
| 駐車場 | 20台 |
| 主な販売品目 | 米、農産物、花、山菜、加工品、キノコ、イチジク、スモモ |
| アクセス | 国道159号宿東交差点近く |

## 温泉施設 千里浜やわらぎ温泉 ホテルウェルネス能登路

宝達志水町敷浪5-48-1　☎0767-29-4181
http://www.hotel-wellness.jp/notoji

| | |
|---|---|
| 営業時間 | 10:00～21:30(金曜は14:00～) |
| 定休日 | 不定休 |
| 入浴料 | 中学生以上420円、小学生300円 |
| 備品 | 無料／ボディーソープ、シャンプー<br>販売／タオル、かみそり |
| 駐車場 | 50台 |
| アクセス | 能登有料道路今浜ICから車で5分<br>JR敷浪駅から徒歩15分 |

# 羽咋市

## 特産品 汐風の市場 滝みなと

羽咋市滝町レ99-112　☎0767-22-1355

| | |
|---|---|
| 営業時間 | 9:00～17:00 |
| 休店日 | 火曜 |
| 駐車場 | 10台 |
| 主な販売品目 | 地元に揚がった魚介類と地元出品者の加工品、工芸品 |
| お勧め商品 | タイの干物、スルメイカ開き（いしる漬け）、能登の石蒔絵 |
| アクセス | 滝港マリーナ近く |

## 特産品 農産物直売所 神《み》子《こ》の里

羽咋市神子原町は190　☎0767-26-3580

| | |
|---|---|
| 営業時間 | 9:00～18:00（3～11月）、<br>9:00～17:00（12～2月） |
| 休店日 | 無休（1～2月は木曜定休） |
| 駐車場 | 40台 |
| 主な販売品目 | 地元産の野菜、手作りの惣菜、民芸品 |
| お勧め商品 | 神子原米 |
| アクセス | 国道415号神子原ダム近く |

## 温泉施設 ユーフォリア千里浜

羽咋市千里浜町タ1-67　☎0767-22-9000
http://www.city.hakui.ishikawa.jp/

| | |
|---|---|
| 営業時間 | 10:00～22:00 |
| 定休日 | 水曜（祝日の場合は翌日） |
| 入浴料 | 大人450円、3歳～小学生200円 |
| 備品 | 無料／ボディーソープ<br>販売／タオル、シャンプー、リンス |
| 駐車場 | 133台 |
| アクセス | 能登有料道路千里浜ICから車で1分<br>JR羽咋駅から地域循環バスで5分 |

## 特産品 千里浜レストハウス

羽咋市千里浜町タ4-1　☎0767-22-2141　http://www.chirihama.co.jp

| | |
|---|---|
| 営業時間 | 8:40～17:00 |
| 休店日 | 無休 |
| 駐車場 | 100台 |
| 主な販売品目 | 水産加工品、菓子類、地酒 |
| お勧め商品 | はまぐりせんべい、いかだんご、能登チーズ饅頭 |
| アクセス | 能登有料道路千里浜IC近く、千里浜なぎさドライブウェイ北側終点地 |

# あとがき

能登有料道路を走るたびに、能登はなんと広いところだろうと思います。見渡す限りどこまでも丘陵地が続き、高い山や深い谷はほとんど見かけません。たまに見かける平野部には必ず水田があって、数軒から十数軒と、その耕作面積に見合った規模の集落があります。山や谷が険しくないということは奥地へ入りやすく、峠越えも容易だったということでしょう。かつて耕作地を求めて小人数での移動が繰り返され、その集落と集落を行き来する道が網の目のように張り巡らされたようにも思えます。

宮本常一氏の「山に生きる人びと」という本を読んだことがあります。それによると、北海岸で盛んに行われていた塩づくりのために大量の薪が必要だったことから、奥能登の山々の雑木を切って馬の背につけ、北海岸まで運んだそうです。その人馬が通る道を地元の人たちは「塩木道」と呼んでいて、起伏の小さい丘陵の尾根にはたいていこの塩木道がつけられていたといいます。同じように、ところどころにそびえるスギが船木として供給され、この木を運ぶ道は「船木道」と呼ばれたのだそうです。長い船木は曲がり道や上り下りに便利なように二人で担いだので、休憩しやすいようにたいがい谷に沿ってつけられていたといいます。だとすると、人々は耕作地を求めて奥地へ入ったのではなく、山の仕事を続ける上で、自給のための耕作地を開いたと考える方が自然かもしれません。

能登半島を縦横無尽に走る道路に驚き、民俗学者でもないのにそんな素人推理を楽しみながら山や丘陵を歩かせてもらいました。これを機に能登の山歩きの楽しみ方を、多くの方々と共有できれば幸いです。

2012年5月

柚本寿二

[著者紹介]

柚本　寿二(ゆもと・ひさじ)

1948年香川県生まれ。全国各地の山を歩き、沢登り、イワナ釣りなどを楽しんでいる。山をフィールドとした遊びの達人。月刊『北國アクタス』で「ほくりく日帰り山歩き」を連載中。小松市在住。

《著書》

「白山に登ろう—全コースと見どころガイド」(北國新聞社)
「白山山系　とっておきの33山」(北國新聞社)
「越前・若狭　魅力の日帰り40山」(北國新聞社)
「ほくりく日帰り山歩き VOL.1、2」(北國新聞社)
「白山山系の渓流釣り」(北國新聞社)
「気分爽快　加賀の25山・25湯」(北國新聞社)
「気分爽快　富山の25山・25湯」(北國新聞社/富山新聞社)

撮影／山岸政仁
協力／アドバンス社

# 楽しもう能登の山

## 海山の幸と日帰り温泉

発行日　2012年6月1日　第1版第1刷
著　者　柚本　寿二
発　行　北國新聞社
〒920-8588 石川県金沢市南町2番1号
電　　話 076-260-3587(出版局直通)
E-mail　syuppan@hokkoku.co.jp

ISBN978-4-8330-1878-4